José María Gómez

Ecce Homo Sexual

La inevitabilidad de los cuerpos

Windmills Editions
California-USA

Ecce Homo Sexual

Autor: José María Gómez
Writing: 2013
Edition Copyright 2013: José María Gómez
Diseño de Portada: WIE
Dirección General: Cesar Leo Marcus
La obra de portada es "Saints Sergius and Bacchus" de Rick Herold
La fotografía del autor es de Sergio Leonardo Vieytes
Windmills International Editions, Inc.
www.windmillseditions.com
windmills@windmillseditions.com

ISBN 978-1-300-85211-7

Ecce Homo

Sexual

La inevitabilidad
de los cuerpos

José María Gómez

Windmills International Editions, Inc.
California - USA – 2013

José María Gómez

José María Gómez nació en Andino, provincia de Santa Fe, República Argentina. Se estableció en Rosario y posteriormente residió en España. En años recientes ha realizado viajes por países europeos, y del norte de África tales como Marruecos, Egipto y otros. Actualmente vive y escribe en la ciudad de Buenos Aires.

Es regisseur egresado del Instituto Superior de Arte del Teatro Colón y, como tal, ha desarrollado una destacada actividad en la dirección y puesta en escena de obras de teatro de prosa y de teatro musical en diferentes salas de la ciudad de Buenos Aires, Argentina.

Es Licenciado en Gestión Educativa (CAECE), y se ha desempeñado como docente de formación artística en el Conservatorio Superior de Música "Manuel de Falla".

Ha sido asesor en la Dirección General de Enseñanza Artística y Especial de la Municipalidad de la ciudad de Buenos Aires; Director de Cultura de la Facultad de Psicología de la Universidad de Buenos Aires; y asesor coordinador de la Secretaría de Relaciones con la Comunidad del Municipio de Morón - Provincia de Buenos Aires.

Por su actividad literaria recibió varios reconocimientos, entre los que se destacan el Premio Edenor en la XXII Feria Internacional del Libro por el poema "Ariel"; y el Premio Fayga en la XXIII Feria Internacional del Libro por el texto teatral "El Ángel". En el año 2007 recibió por esta obra el Primer Premio de Novela del Fondo Nacional de las Artes.

En el año 2011 le fue otorgada la Primera Mención Honorífica por su novela "El cine de los sábados", en similar concurso del Fondo Nacional de las Artes. Posteriormente recibió una mención especial por su novela "Los marianitos, una novela policial" en el concurso "Premio Internacional de Novela Letra Sur".

En el año 2012 su novela "La anábasis" fue finalista del Premio Clarín de Novela.

A Sergio Alvorés,
profesor de literatura
y amigo de todos los días.

José María Gómez

INDICE

José María Gómez

PRÓLOGO

A través de la palabra de cada uno de los protagonistas de esta novela, se va estructurando y develando la trama que los vincula: la relación amorosa entre hombres signados por la ausencia (muerte o abandono) del padre. Para llenar ese vacío insoportable, los personajes buscarán sublimar la presencia paterna mediante la sodomización. En esos encuentros (y desencuentros), todos se sienten partícipes de una experiencia extraordinaria de índole religiosa.

Primer Premio de Novela *del Concurso "Régimen de Fomento a la Producción Literaria Nacional y Estímulo a la Industria Editorial"* **Fondo Nacional de las Artes** *de la República Argentina/ Año 2006. Jurado: Vicente Battista, Leopoldo Brizuela y Perla Suez.*

Fundamentación del Jurado

"La novela suscita en el lector una expectativa exigente al poner en entredicho la aparente solidez de las convenciones morales más arraigadas. Se respira una densa atmósfera de cautiverio, sensualidad inconfesada, que deja entrever algo a la vez sereno y terrible. La intensidad de esta historia implacable hace vibrar una cuerda secreta, la que se oculta en esa ciudad de Buenos Aires, que permanece, transfigurada, en nuestra memoria. La novela, que retrata muy crudamente un mundo marginal -y hasta cierto punto, por supuesto, lo inventa- descuella sobre todo por el manejo del lenguaje. El lirismo permanente, vinculado en todos los casos a la pasión erótica, nunca deriva en descontrol de la prosa, que es sumamente precisa en la descripción de ambientes y acciones, y, dentro de cada capítulo, construye un cuidado crescendo. El discurso del éxtasis religioso, que en un capítulo de corte faulkneriano se vincula a la psicosis; las modalidades del lenguaje policial, puestas al servicio de un homoerotismo tan violento como alucinado, son algunos de los muy variados registros que la novela va pulsando a lo largo de sus cuadros, con igual acierto. La fusión de géneros -la pornografía con el policial, la vida de santo con la picaresca porteña boediana, dan como resultado una forma de extraordinaria potencia narrativa, que se inserta claramente en la tradición de autores como Jean Genet o Pier Paolo Pasolini, al tiempo que llama la atención por la ausencia de cualquier tipo de lugar común".

Javier

Cuando abandoné el Seminario me sentí solo. Decirlo así, ahora, en pocas palabras, es casi una irreverencia a mi dolor de entonces. Lacerante, la profunda comprensión del paraíso perdido, motivación de incontable literatura, me releva el dar detalles de ello. Apenas puedo decir que, luego de una experiencia de esa naturaleza, la piel ya nunca más recobrará la confianza, el velo protector que inconscientemente nos recubría y, desde entonces, toda proximidad a otros, a otra piel, inmediatamente nos afectará, pues la nuestra se encuentra descubierta, desprotegida, desnuda. Extrañamente no es el Espíritu lo que más se resiente. En la mayor indefensión éste permanece intacto, se mantiene, contempla y nos contemplamos en él aun en nuestra orfandad, cubriéndonos así de la intemperie, de la ausencia de fe que nos rodea, del desánimo general. Casi se podría decir que tales contingencias lo ponen a prueba y, sin asombro, contemplamos a diario el triunfo del Espíritu. Lo horroroso es lo otro. Ante la carne estamos indefensos.

— Lo conocí en un baño.

— ¿En un baño?

— Sí, público. El de la estación de Retiro, a donde yo solía ir en aquellos tiempos.

— ¿A qué iba?

— A buscarlo. O a otros como él. Muchos lo hacíamos. Esperábamos pacientemente.

— ¿Qué esperaban?

— Al Hombre. Así que entró. Yo me estaba lavando las manos.

— ¿Entonces?

— Aunque en esos momentos no atiné a nada, percibí que todos los demás se iban retirando subrepticiamente. Me quedé solo. Me estaba lavando las manos, ya le dije. Entonces levanté mis ojos frente al espejo. Me llamó la atención el silencio.

— ¿Qué silencio?

— Hasta ese momento solamente se escuchaban murmullos apagados, a veces el crujido de un cierre metálico que al abrirse provocaba pasos, reacomodamientos sigilosos, o el sonido de las rodillas al tocar el piso... le decía, el silencio, y lo vi.

— ¿Qué vio?

— Su rostro. Me estaba mirando las manos. Me dijo: *Así que fuiste seminarista*. Entonces lo miré o mejor dicho, él me miró a través del espejo. Y me golpeó el corazón. Era hermoso.

— ¿Qué era hermoso?

— Él. Rubio, cabellos cortos, labios gruesos, ojos celestes. Comencé a llorar.

— ¿A llorar?

— Como ante la Virgen. Recuerde que fui seminarista. La Virgen siempre me conmovió.

— ¿En qué sentido?

— Su pureza. Me quedaba horas de rodillas mirándole las manos en supinación, abiertas, mostrándome un Camino que a su guía se emblanquecía.

— ¿Entonces?

— También su rostro de cera y su extática sonrisa que contemplaba sin cansarme. Horas de recogimiento hasta quedarme sin lágrimas. Todo en ella era tan puro que el contraste con la realidad que ya había empezado a vislumbrar, aún siendo un niño, me quebraba.

— ¿Y se quebró?

— Le pregunté: *¿Cómo lo sabés?* Me dijo: *Por la manera de lavarte las manos. Yo también estuve en un Seminario.* Estábamos solos. Cerré la canilla del agua y me di vuelta. Más alto que yo era como una aparición, es decir, ni en sueños voluptuosos hubiera imaginado esa robustez, la inevitabilidad de su cuerpo, la armonía. Cuando dejé de llorar me dijo: *No te preocupés, no te va a pasar nada. Acompañame.*

— ¿Adónde fueron?

— A un costado de las vías. Me enseñó una credencial. Trabajaba para la policía. *Pero no vayas a creer que mi trabajo es éste,* me dijo. *Estoy para otras cosas. Lo tuyo es diferente. Te saqué porque necesito algo de vos. Es más, te voy a pedir un favor yo a vos porque no me debés nada. Hasta te podés negar si querés. Aunque me parece que no, que vas a querer, que la vas a querer.* No dejaba de hablar mientras me agarraba la mano y me hacía tocársela por encima del pantalón.

— ¿Qué cosa?

— Al principio *muy suavemente,* me repetía, para que no me asustase, para que me vaya acostumbrando, *porque ya vas a ver lo que es,* y sonreía.

— ...

— Oscurecía muy rápido. De repente no tuve miedo. La credencial, que se asomaba por el bolsillo de su camisa transpirada, nos protegía. Estábamos dentro de una orden...

— De un orden querrá decir.

— Me sostenía con su sonrisa. Quiero decir que cuando me mostró, apenas, a fin de constatar que nunca había visto algo así, y manifestarlo...

— ¿De qué manera?

— Me ayudó a arrodillarme y, cuando golpeó mi cara con su mano abierta: *Esto no es un bautismo, es una confirmación,* me dijo, la presencia de aquella sonrisa que la noche mataba irremediablemente me consoló en mi ahogo. Al separarnos me anunció que se llamaba Adolfo, y me estrechó la mano.

* * *

— Una tarde de verano Adolfo recibió una visita.

— ¿De quién?

— Del Chico. Lo llamábamos así desde que lo conocimos. Adolfo vivía en un hotel muy grande, ubicado en el Once, y no estaba permitido, por supuesto, que entrasen las personas que no residieran en el lugar.

— ¿Entonces?

— Con su madre, una señora muy trabajadora, y una hermana pequeña con quien casi nunca hablaba. Pero en esa tarde no estaban.

— ¿A qué tarde se refiere?

— A la de la visita. Adolfo era amigo del hijo único de la encargada del hotel. Años atrás un muchacho travieso que siempre andaba desarreglado.

— ¿Desarreglado?

— En el vestir. Y muy inquieto. Hablaba muy alto y rápido, sin pausas, y se la pasaba corriendo de aquí para allá, murmurando siempre historias ininteligibles. Le conté que una tarde jugaba, muy cerca del cuarto de Adolfo, con una pelota…

— No me lo dijo.

— ¡Ah!, en este caso es importante. Pues ahí empezó todo lo de ellos.

— ¿Quiénes?

— Adolfo y su familia habían llegado al hotel un tiempo antes. Él no había entrado en la policía aún. Más tarde un comisario lo recomendaría y pudo ingresar fácilmente.

— ¿ … ?

— Así que se quedaba en la pieza durante todo el día. Solo. La hermanita iba a la escuela y la madre a limpiar casas. Tirado sobre la cama planeaba sus estrategias.

— ¿Cuáles?

— No sé, las del progreso, las de salir adelante, tal vez. Trataba de imaginarse otro tipo de vida, como todos. Tenía cierta inteligencia.

— Continúe.

— O sea que podía ver o escuchar los movimientos de la pensión, entre ellos los del hijo de la portera, como le dije.

— ¿Qué pasó?

— Manipulando la pelota por los pasillos, la misma en un momento entra al cuarto de Adolfo. Por la puerta entreabierta Damiancito se asoma.

— ¿Damiancito?

— Que es como lo llamaba su madre, o más bien, le gritaba su madre cuando hacía mucho ruido durante la siesta y los huéspedes protestaban. En ese momento era la hora de la siesta, obviamente.

— ¿Qué es lo obvio?

— Todos duermen o no están. Es el único momento del día en que se respira cierta tranquilidad. ¿Usted conoce esos lugares?

— No.

— Es una pena. Ahí vive mucha gente, se conoce mucha gente y, como se la tiene muy cerca (más de lo que uno quisiera en realidad), se suele aprender mucho.

— ¿Aprender qué?

— Le estaba contando la visitación... quiero decir la visita del Chico a Adolfo una tarde a la hora de la siesta. Una tarde mucho después de ésta en la que conoció a Damiancito. Una cosa explica a la otra.

— ¿Por qué?

— La primera fue inesperada. Casi sin intención. Cuando le sucedían estas cosas se quedaba pensando, luego, que había alguien más que digitaba los hilos. No es una mala idea.

— ¿Usted piensa eso?

— Cuando me lo contó estábamos sentados en un banco de la

plaza San Martín, la que está cerca de la estación Retiro y en donde solíamos encontrarnos. Y aunque era de noche llevaba puesto unos anteojos de sol de esos que tapan los ojos, muy oscuros. En un momento determinado de su vida comenzó a usarlos casi constantemente. Eso impedía saber qué estaba mirando o pensando, qué estrategias, como le dije hace un rato... bueno, supongo que echado sobre su cama sin tener nada que hacer, en la pensión, se habría sorprendido por la irrupción del muchacho...

— De la pelota.

— Vamos bien. Lo del Chico viene después. La pelota se había deslizado hacia un rincón del cuarto así que Adolfo se bajó a recogerla. Pero ocurrió que el dueño de la misma, y por efecto de haber estado demasiado tiempo bajo el sol, no lo pudo ver al principio pero luego sí, justo en el momento cuando Adolfo se incorpora. De golpe para Damiancito fue como una aparición.

— ¿Cómo?

— Adolfo estaba casi desnudo. Hacía mucho calor en el cuarto. Para poder soportarlo era natural estar de esa manera.

— ¿Natural?

— Perdón. Todos sabemos el efecto que provocaba Adolfo. Sus brazos largos, su pecho, la belleza... parpadeando para acostumbrarse a la oscuridad del cuarto, Damiancito, al abrir los ojos, se lo encuentra frente a frente con todo su cuerpo abierto.

— ¿Abierto?

— Entonces los cierra nuevamente. Dejó caer sus párpados pues creyó que era un sueño. Esa caída de ojos lo perdió.

— ¿En qué sentido?

— Adolfo lo observó, y era tal el candor que manifestaba, y tanta la inocencia, que no tuvo más remedio que invitarlo a entrar. Sentándose en la cama le hizo señas al otro para que se acomodara a su lado. Quería demostrarle que eso que le estaba sucediendo era cierto, material, por decirlo así. Se le ocurrió darle una lección.

— ¿Lección de qué?

— La única que podía darse en ese momento. La que dice que algunas veces pasan estas cosas, y es aquí y ahora, y que las veinticuatro horas restantes del día, e inclusive de la vida misma, todo se sumerge en la oscuridad más absoluta...

— Siga, por favor.

— Sí, en la penumbra del cuarto el muchacho vio una luz que nunca había visto antes. Y era una luz desconocida que salía desde un cuerpo desconocido. Hasta ese momento, claro. Fue así como aprendió a amar a los cuerpos. Por la luz que salía de ellos y que lo paralizaban, le quitaban toda voluntad a sus gestos. Y a sus acciones. Entraban en una dimensión diferente a lo conocido hasta entonces

— ¿Y qué pasó?

— Olvidando las constantes recomendaciones de su madre de no ingresar en los cuartos de los inquilinos, se sentó sobre la cama muy cerca de Adolfo y apoyó su cuerpo sobre el cuerpo del hombre. De repente parecían siameses compartiendo la misma respiración.

— ¿Entonces?

— En el pobre cuarto había un ropero que tenía un espejo. Desde ahí se veía un cuerpo hermoso, grande y, al lado de él, como una copia, un cuerpo más pequeño que encajaba perfectamente, como un hijo. Casi sin decir palabra se dejaron estar un rato, compartiendo el misterio.

— ¿Qué misterio?

— El de la Carne. Lo que transmitía Adolfo era eso. El misterio del Alma ya era suficientemente transitado, por otra parte. ¡No se iban a poner a rezar ahora!

— ¿Entonces que hicieron?

— Ellos nada. Sus manos se pusieron a obrar. Mejor dicho, las manos del pequeño se apoyaron como mariposas sobre una flor magnífica que se asomaba cautelosa entre las piernas de su amigo. Sin asustarse dejó que se agrandara y, al desbordarse la misma con esfuerzo por un costado del pantalón rústico de Adolfo, se animó a inclinarse para besarla como había besado, siendo niño, las estampitas de San Gabriel Arcángel, que le encantaba.

— ¿Está seguro?

— ¿De qué?

— Usted no estuvo allí. Se lo contaron.

— Con otras palabras, por supuesto.

— ¿Entonces?

— Parece que se hicieron muy amigos. Se encontraban durante las siestas largas, insoportables, de la pensión del Once. Se divertían mucho juntos, eso sí me lo dijeron. Por eso cuando más adelante, unos años después, Adolfo le pide que lo deje entrar al Chico, Damiancito no se puede negar. Si bien ya estaba a cargo de la portería, y eso estaba prohibido expresamente, no pudo olvidar sus antiguos juegos por los pasillos, con o sin la bendita pelota.

— ¿Lo dejó entrar?

— ¿Qué le parece?

* * *

— ¿Cómo conocieron al Chico?

— Con mi Amigo, si me permite llamarlo así, con Adolfo, habíamos estado cosechando frutos.

— ¿Qué frutos?

— Los de la amargura. Esta vez fue un muchacho muy pequeño, no sólo de estatura o de contextura física. Transitaba, también, por una edad peligrosa.

— ¿En qué sentido?

— Cuando lo encontramos o nos encontró, estaba saliendo recién de ese estado en el que la niñez se aferra al cuerpo. Desesperadamente, hecha jirones ya, en un intento vano de no desaparecer para siempre. Se aferra, digo, produciéndole al muchacho una ansiedad terrible. Usted recordará...

— ¿Qué?

— ... la suya, perdón. El pobre quería deshacerse de ella de una vez por todas. Pero no se animaba aún. Lo único que podía hacer era llorar. Se le notaba en los ojos enrojecidos. Lloraba de deseo. Desnudo de cuerpo entero frente al mismo espejo en donde su hermana se probaba los vestidos de fiesta, se miraba atolondrado imaginándose que unas robustas manos le arrancaban los restos de inocencia que él aún no se atrevía a desarmar. Así empezó a amar a los hombres. Por pura necesidad.

— ¿Entonces?

— Al principio yo me negué. También Adolfo. El hombre prefería contar la novedad a personas con mayor experiencia, las que pudieran comprender y transmitírsela a otros.

— ¿Qué novedad?

— La de la Carne. Repito que la del Alma se encargaban otros. Como ya le adelanté, Adolfo estuvo en un convento.

— Seminario, querrá decir...

— Sólo unos meses. Su madre lo envío a una pequeña comunidad en Azul, provincia de Buenos Aires, donde lo alojaron durante un tiempo para ver si se entusiasmaba con la religión católica. También debía ayudar en las tareas domésticas del lugar para solventar el sustento. Sus compañeritos eran todos de buena familia pero fue bien aceptado ya que nadie se puede defender de la belleza.

— ¿Entonces?

— Aprendió rápidamente. Era muy inteligente. En poco tiempo descubrió la trama secreta.

— ¿Qué trama secreta?

— O lo que él llamaba así. Es decir, el secreto rumor. El ritmo que a tientas subyace debajo de todas las cosas, más aún cuando están involucradas un grupo de personas, todos varones por otra parte.

— ...

— En el medio de la sierra, bajo la noche estrellada o la tormenta irrespetuosa, la Casa grande navegaba esforzadamente queriendo llegar a un lugar de difícil acceso. Y aunque todos miraban para el mismo lado, comían las mismas cosas o rezaban las mismas plegarias, no por eso lo iban a lograr. No obstante lo intentaban. Y aún siguen haciéndolo. Pero Adolfo necesitaba otra cosa así que los abandonó. Un domingo después de comulgar llenó su bolso y volvió a la Capital. Al poco tiempo y por intermedio de un comisario entró a la Policía.

— ¿Qué Comisario?

— Adolfo había vivido en la villa de Retiro. Ahí se conocieron y fue como un padre para él.

— ¿Usted lo conoce?

— ¿A quién?

— Al Comisario que mencionó.

— No. Solamente por medio de las palabras de Adolfo. Me lo contó en uno de nuestros encuentros en la plaza San Martín, como le decía. Porque esta historia, si me permite llamarla así, comenzó cuando Adolfo me obligó a acompañarlo, una primera vez, detrás de la Estación. ¿Lo recuerda?

— Sí.

— Como se sabe, en todo inicio siempre hay una edad de oro. Aquella noche, caminando uno al lado del otro, tropezándonos por adentro, desde lejos se veía a dos hombres callados rumbo a la Iglesia. Yo estaba seguro de que, detrás de nosotros, quedaban restos de margaritas, amarillas como soles tristes, pisoteadas sin piedad por nuestros zapatos. Usted sabe que en el Edén hay cientos de ellas y aun aplastadas conservan su belleza. Me gustaría decirle que es cuando más se les manifiesta. Así que en un momento me detuve y miré hacia atrás. Adolfo hizo lo mismo, sorprendido, porque todos, y yo lo he visto, lo siguen asustados, respirando apenas. En mi caso, yo tuve la intención de recoger un par de esas hermosas flores para llevárselas a la Virgen. Pero no pude. Adolfo, amenazante, me tomó del brazo aniquilando todo intento. Ese fue uno de los primeros indicios de la noche. Comprendí, en su clara resolución, una impronta muy firme. Con alguien así atravesaríamos todas las edades, hasta la última.

— ¿Y qué sucedió?

— Nada. En un momento, sorprendentemente, las manos que sostenían mi cabello se ablandaron de una manera muy delicada, tanto, que estuvieron a punto de convertirse en una caricia. Se desprendió.

— ...

— Pero yo sé lo que hace con los otros.

— ¿Qué hace?

— Los atraviesa con su cuerpo descomunal. Enseguida se lo digo. Aunque en mí no le hizo falta. Adivinó en mis gestos una comprensión temprana. ¿Conoce usted la historia de San Juan Bautista? Desde ahora participaríamos juntos en la revelación.

— ¿Qué revelación?

— La que recojo a través de la mirada de los otros. De aquellos que le entregan su cuerpo a cambio.

— ¿A cambio de qué?

— Primero los desnuda. Es lo que siempre me llamó la atención. Luego, recién, se deja tocar por encima de la tela brutalmente estirada. Aunque siempre guiándolos con su propia mano, con suavidad, con ternura, sosteniéndolos con su sonrisa. Entonces palidecen...

— ¿Por qué?

— ... e inician todos una fugaz intención de retirada, como un pequeño temblor. Se imaginan cruzando un desierto interminable sin más provisiones que su propio cuerpo. Obviamente se asustan.

— ¿Se van?

— Pero ya es tarde y él se los advierte. Presiona sus muñecas para esposarlos.

— ¿Qué dice?

— De Esposo, quiero decir. El otro que vacila ante una boda que intuye dolorosa. Desfallece. Es un movimiento nervioso que iniciado en la nuca se desparrama luego por. la espalda, cubriéndola tenuemente, rodando hacia sus pies como la cola de encaje de una novia virgen.

— Se delira.

— ¿Quién?

— Usted.

— Yo lo sostengo como un lazarillo, los de Estigia, o un monaguillo atento si prefiere. Al final de la noche el desdichado no nos necesitará más. Tendrá los ojos tan abiertos que *vas a ver* para siempre.

— ¿De qué habla?

— Para eso me quería Adolfo. Noche tras noche ayudo al nuevo apóstol. Lo sujeto con fuerza mientras el hombre se apoya, suavemente al principio (un recurso infantil, si me permite), pero luego se introduce en tramos cada vez más gruesos y largos que parecen que no van a acabar nunca. Entonces gritan.

— ¿Quién?

— ¿Quién va a ser? Usted, yo, todos. Entendí que esos gritos me desnudan del alma, que Adolfo tras los gritos se acercaba a mi cuerpo, *no he venido a traer la paz,* que es lo que quería. Lo seguí a todas partes. Comprendí que me andaba buscando sin saberlo. Cuando lo conocí, afortunadamente no era tarde aunque estuvo cerca de serlo. Con la bendita credencial a cuestas, se repetía noche tras noche en acciones que iban perdiendo sentido. Sus palabras que apuntaban a lo Mismo, *vas a ver lo que te va a pasar*, incitadoras y que llamaban a seguirlo, comenzaban a perder la vehemencia necesaria para que los gentiles comprendieran. Éstos, más tarde, acobardados por un dolor ardiente que les entraba por atrás y cuya intensidad es insoportable, se apresuraban a negarlo. En la obnubilación fatal que sobreviene cuando se tiene toda la Carne adentro, los débiles de espíritu no acertaban a comprender el verdadero motivo de la prédica del hombre ni el sentido primordial de su propia desgracia. Y se alejaban mascullando entre dientes su ignominia miserable, condenando a Adolfo a la soledad más absoluta. Yo entendí.

* * *

— ¿Y qué pasó con el Chico?

— No lo volvimos a ver por un largo tiempo. Pero luego vino el verano y el Chico, después de encontrárselo por segunda vez en el baño de Retiro, había estado persiguiendo a Adolfo. Le preguntaba cosas sobre su vida. *Si querés saber sobre mi vida vení conmigo que te la voy a mostrar pero después no te vas a echar atrás,* le contestó una tarde. El Chico, además de sonrojarse, aceptó de inmediato porque si vamos a hablar de éste podremos concluir que no le faltaba audacia, y por qué no decirlo, una especial vocación por aceptar un destino que intuía no podría ni quería rehusar...

— ¿Y cómo sigue?

— Que hacía calor y que era una tarde tormentosa. Me refiero a las tormentas del cuerpo. Que estuviera a punto de llover no era más que una anécdota.

— ¿Entonces?

— Parece que el Chico se sentó sobre sus rodillas como un niño que era. Quiero decir como el niño que fue, se entiende, como el niño que fuimos todos. He aquí lo maravilloso del amor o lo que fuese que aconteció esa tarde. Ambos se hicieron niños. Y así como los niños que juegan fuerte lastiman sus rodillas, de toda forma el dolor estuvo presente. Jugaron fuerte luego. Al principio el peso del Chico no era más que el de una flor de esas que se dejan acostadas sobre la tumba de un muerto.

— ¿Y Adolfo?

— Lo observó. Se quedó mirándolo... pensó vagamente *dejad que los niños,* fue un error.

— ¿Por qué?

— Al tener al Chico entre sus brazos como a un hijo, se descubrió de pronto en un lugar desconocido, y le dio miedo.

— ¿Qué hizo?

— Miró hacia la ventana para tratar de huir. Fue un acto reflejo que sólo conocen aquellos que necesitan escapar de sí mismos. Pero se encontró con que, en ese pobre cuarto, la ventana no lo llevaba al cielo. Ni siquiera al infierno. Daba a un pasillo oscuro que desembocaba en otro pasillo oscuro por donde transitaban, calladamente y agobiados por el calor, los otros pasajeros, los que no tenían que escapar de nada pues ya se habían escapado de todo, del lujo, del placer, de las comodidades, y andaban libres por el mundo como las avecillas a que refiere el Texto. Así que Adolfo se quedó donde estaba, mirando en derredor y descubriendo, como nunca antes lo había hecho, su sencilla morada. Y vio sobre el ropero marrón una valija, en la cama estrecha a un hombre sentado sobre el borde con las piernas juntas, hacia un costado una pequeña mesa envejecida; vio el techo alto, un cable renegrido, el foco ahora apagado, a un hombre más pequeño sobre las rodillas del primero y escuchó, sobre todo, los pasos vacilantes de los otros pasajeros gastando los pasillos. Entonces tuvo ganas de quedarse así toda la vida porque comprendió, de repente, la cuestión de la naturaleza de las cosas, es decir, que todos vamos a morir. Los pasos de los otros le recordaron los suyos hacia la nada, hacia la imposible consecución de otra cosa que no fuera la propia muerte. Para vencerla deberían quedarse ahí juntos para siempre. Miró al Chico entre sus brazos y lo encontró tan hermoso y tan frágil que, si por un descuido lo dejaba caer, se rompería en mil pedazos. Pero enseguida escuchó su voz preguntándole, muy suavemente: *qué te pasa.*

— ¿Hablaron?

— No supo qué contestar pues si decía alguna cosa el mundo todo se iba a enterar de su desdicha. Y él necesitaba protegerse a sí mismo ahora para poder proteger al otro, que entretanto esperaba. Fue cuando comprendió, por segunda vez en esa tarde, la cuestión de la naturaleza de las cosas, es decir, que todos necesitamos amar y ser amados. El Chico aprovechó el silencio y lo besó en la boca. Adolfo lo separa y el beso trastabilla antes de deshacerse en la nada. Se apartan. Adolfo se recuesta en la cama colocando un brazo debajo de la nuca y el otro sobre su pecho, a la altura del crucifijo de oro que descansa enredado sobre el vello rubio. El muchacho vacila y hace lo mismo al lado. Desde arriba Dios los ve acostados y como está muy lejos se confunde. Cree que son un padre y su hijo, así que los bendice. Al percatarse luego del error será demasiado tarde y el Chico estará gimiendo y largando espuma por la boca mientras lo penetran furiosamente.

— ¿A ver, a ver?

— Mucho antes de eso Adolfo se adormila y, en ese estado, percibe claramente la marcha de la Esfera que en su vagar lo arrastra, espalda sobre la tierra en un viaje insoslayable. Y por primera vez acompañado. El sol que se imagina, la luna, las estrellas, le devuelven la imagen de un hombre enamorado. Entre sus piernas alargadas sobre la cama, abultándolo, palpita el Universo. Se despierta. El pequeño, fortalecido ahora por su pasividad, se ha acurrucado y Adolfo puede adivinar que tras la tela que lo roza se esconde una piel tan delicada que en su presencia sólo es posible entristecerse. Lo separa.

— ¿Y qué sucedió?

— Nada. Se levantó de la cama y, llevado por un impulso irresistible, arrastró la valija provinciana desde el ropero y la abrió, sacando de su interior un par de fotos viejas. Se las alcanza bruscamente al Chico y se aleja rumbo a la ventana falsa. Desde ahí puede ver que Damiancito enciende un ventilador y se aposenta en la oscura recepción del hotel a leer la Biblia. Se había hecho evangelista, pero en esa tarde tan calurosa temía que el pasado le jugara una mala jugada. Inclinado sobre las hojas un poco gastadas del Libro, intentaba conseguir con sus dedos que las palabras sagradas cubrieran las imágenes de su propio calvario en el cuarto de Adolfo. Pero las líneas se le escapaban, resbaladizas por el sudor de sus manos, y aparecía nítido el cuerpo inevitable del Hombre. De todos los hombres que había deseado, de todos los hombres que lo habían deseado y, sobre todo, de quien en un pequeño cuarto que daba a una ventana falsa lo había desnudado y acostado suavemente sobre la cama, se había desnudado a su vez y acostado encima con todo su cuerpo abierto, y para que solamente Jehová fuera testigo, le había tapado firmemente la boca con la mano mientras lo atravesaba con violencia deliberada y delicada atención.

— ¿Qué fotos eran?

— De Adolfo niño saliendo del mar en una playa de Mar del Plata, otra en donde se lo veía entrando en el agua, girando hacia atrás la cabeza y sonriendo tímidamente a alguien que quizás era su padre.

— ¿...?

— Como a estampitas el Chico las miró atentamente, más tarde miró a Adolfo quien seguía de espaldas. Adolfo, ensimismado, observaba su reino y lo hizo durante un largo rato. Cuando al cabo giró, imbuido de un proceso de consolidación que al Chico le costó comprender en un primer momento, se había convertido finalmente en un hombre. Y para festejarlo, el Chico se levantó alegremente y poniéndose en puntas de pie lo abrazó. Se puede imaginar a sus brazos tiernos rodeando a duras penas el pecho poderoso, sus labios como frutas perfumándole el alma, y el alma solitaria de Adolfo conmoviéndose de tal manera que empezó a desangrarse…

— ¿Cómo dice?

— … con la herida tenaz que inflige la inocencia.

— ¿Y qué hizo?

— Nada. Sólo su cuerpo reaccionó. Torpemente lo levantó por la cintura, lo arrastró a la cama, se echó sobre él un instante y, sin proponérselo, sin saber cómo hacerlo, lo besó en la boca creyendo que, de esta manera, lo asfixiaría y se asfixiaría al mismo tiempo y no tendría entonces que dar cuenta al alma que a su espalda permanecía callada, observándolo todo. Cuando se dio cuenta de que en realidad no quería matarlo sino amarlo se separó y, tapándose la cara con las manos, sollozó un instante que le duraría toda la vida. Entonces el alma de Adolfo se compadeció. En forma de alas se adosó a su cuerpo para que juntos recogieran al Chico, quien flor pequeña en un jardín constante se insinuaba. Así que lo violó.

El Chico

Cuando murió mi padre yo era muy pequeño pero recuerdo bien que al poco tiempo nos mudamos de la casa grande en la que vivíamos todos y perdí el cuarto propio que tenía una ventana amplia desde donde se veía el jardín. También recuerdo que pasaba mucho tiempo a horcajadas en esa ventana, la que había sido pintada de color rojo, atisbando el movimiento de la calle que se adivinaba detrás de una verja cubierta por enredaderas, las cuales, en cierta época del año y a la noche, florecían con unas grandes flores blancas. También vigilaba, desde ahí, el movimiento de nuestra propia casa, que no era mucho. Mi padre, en vida, no estaba nunca, y mi única hermana, mayor que yo, se entretenía con sus clases de piano, de inglés y de baile clásico, de manera que no me prestaba la menor atención. La figura principal de la casa (y de mi vida) era mi madre, quien se encargaba de mantenerla de manera impecable y ocupaba todo el día en esa interminable tarea. Desde mi posición en la ventana podía adivinar, a través de las horas, en qué parte de la limpieza andaba y, si tenía ganas de verla, siempre acertaba al buscarla en tal o cual lugar, ya sea en el enorme dormitorio al que teníamos prohibida la entrada cuando mi padre estaba en la casa o en el cuarto de huéspedes que estaba ubicado en la parte alta de la propiedad. Todo eso cambió bruscamente con la muerte acaecida. Enseguida nos fuimos a vivir a un pequeño departamento ubicado en el barrio de Congreso, en donde perdí mi cama y tenía que dormir en el sillón del living que acondicionaban como mi dormitorio al llegar la noche. De manera que, durante el día, no tenía lugar propio en la casa y me repartía entre la cama solitaria de mi madre y el minúsculo cuarto de mi hermana. El mencionado living, que también se convertía en comedor (o en cuarto de planchado), tenía una ventana desde donde se podía ver parte de la ciudad. Ahora no podía encaramarme en la ventana por temor a caerme al vacío. Acercaba una silla alta y me arrodillaba, apoyando mis brazos sobre el respaldo y, en esa posición pasaba horas interminables hasta el regreso de mi madre y de mi hermana (que ahora trabajaban), obserbando el movimiento, que se me antojaba misterioso, de la ciudad desconocida. Cuando me cansaba de registrar los cambios que percibía en esos movimientos: más frenéticos alrededor del mediodía y luego de una pausa provisional tornarse desesperantes hacia el atardecer, me refugiaba en la lectura de inagotables libros de aventuras, todos pertenecientes a una vieja colección que había sido de mi padre y que devoraba con fruición, sobre todo cuando las aventuras transcurrían en lejanas tierras y los héroes participantes eran fuertes y hermosos (asunto este en el que por motivos insondables reparé enseguida). A veces soñaba con uno de esos héroes y a la mañana siguiente sentía en mi cuerpo (que comenzaba a descubrir de esa manera), las huellas de sus manos cuando me tomaba de la cintura para subirme a un caballo que galopaba vertiginosamente; otras veces, la trama de mi sueño exigía que me llevara en brazos, ambos sobrevivientes de una lucha terrible, y sin tener a nadie más que a nosotros mismos para consolarnos de tanta muerte y de tanta soledad ante una batalla perdida irremediablemente. También en esa época aprendí a llorar. Y descubrí, además, que tampoco tenía lugar propio en la casa para hacerlo. Así que me quedaba mirando, arrodillado frente a la ventana, hacia una ciudad expectante que se velaba de pronto y se descubría, a través de mis lágrimas, en una dimensión que no atinaba a definir, en una perspectiva que de alguna manera me consolaba. Hasta que un día me cansé de llorar. Terminaba de leer un libro con la muerte de mi héroe preferido y, buscando un lugar en la casa en donde pudiera entregarme con comodidad a la desolación, me descubrí delante de un espejo grande ubicado a la entrada del pequeño departamento y por medio del cual se buscaba una manera de agrandarlo artificialmente. Frente al espejo y de cuerpo entero por primera vez, la figura apareció borrosa al principio pero a medida que se secaban las lágrimas fue constituyéndose con una contundencia que me asustó un poco, porque no había reparado aún en cuánto había crecido en esos años pasados entre lecturas entretenidas y sueños voluptuosos. Y ese descubrimiento me fascinó. Me pareció ridículo llorar por un héroe de novela cuando, delante de mí, se manifestaba un cuerpo verdadero que podía sostener (y me surgieron muchas ganas al momento), sus propias batallas, y que éstas no tenían por qué transcurrir en lugares remotos sino que, tal vez, las aventuras esperaban detrás de esa puerta disimulada por el espejo, en la ciudad que había aprendido a imaginar a través de la ventana durante las largas horas de mi infancia dejadas atrás para siempre. Mi rostro, que ahora percibía con nitidez, no tenía nada que envidiar al de los héroes convocados en mis noches de ensueño, porque participaba de la misma belleza. Tampoco mi figura, toda, que se revelaba poseedora de una presencia y de una materialidad cuyo misterio, por primera vez entrevisto, quería desentrañar. Y no estaba solo para ese arriesgado propósito. Los sucesivos héroes muertos de los libros leídos me acompañaban y, de una manera extraña, me transmitían un valor y una audacia inaudita para mis años. Pero aun de otra manera no hubiera dejado de hacerlo, tal había sido la contundencia de la revelación del espejo: la certidumbre de que cualquiera fuera la índole de mis aventuras o el propósito de mis actos (allende los límites asfixiantes de un miserable departamento del barrio de Congreso), contaba con un cuerpo a cuya inevitabilidad me sojuzgaba. Como a través del espejo, crucé la puerta de entrada y comencé a recorrer la ciudad, ahora mía. En uno de esos paseos, en un baño de la estación Retiro, me encontré con Adolfo.

— No era la primera vez que entraba al baño de la Estación…

— ¿Entonces?

— … aunque en las veces anteriores sólo había permanecido en el lugar muy poco tiempo. Al principio resulta desagradable.

— ¿Qué cosa?

— El olor. Las personas que lo cuidan desparraman constantemente una sustancia desinfectante que imprime todo de un aroma particular. Por varios segundos, al ingresar, ese aroma produce un adormecimiento de los sentidos habituales y comienza a necesitarse otro tipo de sentidos.

— ¿Cuáles?

— El de la poesía, por ejemplo.

— ¿Qué dice?

— De otra manera se hace difícil, si no imposible, restaurar, a partir de gestos enigmáticos y movimientos casi imperceptibles (todo sin palabras o con la palabra justa en una economía fascinante), un espesor violento que el deseo insatisfecho inaugura detrás de una mirada esquiva o de una mano atrevida. Así opera la poesía. Una minúscula grafía para nombrar la inconmensurabilidad de las cosas.

— ...

— Es decir, hay que estar atento. Cuando ingresé aquella noche los pude ver enseguida. Eran hermanos.

— ¿Hermanos?

— En la desgracia. Los padres se mueren así que los huérfanos se buscan para disimular la soledad. El más hermoso se estaba lavando las manos frente al espejo sucio. El otro, que se llamaba Javier, a un costado como siempre, rezaba.

— ¿Rezaba?

— Siempre andaba murmurando cosas. Me tranquilicé. Por primera vez sentí que había llegado a un lugar. Desde ahí sólo tenía que comunicárselo a ellos, aunque esto fuese la mayor complicación.

— ¿En qué sentido?

— No hablábamos. Cuando me fui acercando, Adolfo quiso retirarse porque tuvo miedo. Es ridículo decirlo porque yo, en apariencia, no representaba ninguna amenaza. Siempre fui delgado y él escondía, además, debajo de su axila, un arma que competía con aquella otra que enseguida visualicé apoyándome en ella, es decir, en su materialidad, en su existencia. Para estas cosas es un dato esencial porque neutraliza toda posibilidad de artificio. Es, también, una manera de descubrir que no estamos soñando. Todo esto no lo sabía en ese momento; lo fui aprendiendo más tarde con él, y con Javier cuando logré descifrarlo. Lo que digo es que, sin esa presencia, vigorosa, real, inevitable, nada puede ocurrir porque es la llave. Otra vez la grafía que anuncia un derrotero que en esos momentos se imagina brutal, aunque luego no sea para tanto. Pero para entrar en aquel espacio al que quería acceder a toda costa necesitaba esa arma. El miedo involuntario de Adolfo ausentó el mío, así que lentamente me coloqué a su lado para que el espejo enuncie la diferencia.

— ¿Y qué pasó?

— Nada. Todos los demás comenzaron a desaparecer. Ubicados hasta ese momento en el área detrás de los espejos, iniciaron una retirada provistos cada uno de ellos, parecía, de un cirio secular que estigmatizaba su inocencia. Nos dejaron solos. Al rato caminábamos los tres por un largo paredón que está a la vuelta de la estación Retiro.

— ...

— Hacía calor. La noche se había precipitado y las estrellas se arremolinaban, curiosas, para ver en qué iba a terminar todo esto. Antes de iniciar la caminata Adolfo me mostró una credencial. Eso provocó en mí una sensación desconocida que me hizo trastabillar varias veces. Como una laxitud. Pensé: el amor es esto. Una pequeña muerte que a través de mis rodillas se encaramaba por mi cuerpo y me agarraba del cuello. Cuando llegamos fue Adolfo quien lo hizo, lo del cuello, y me hizo arrodillar frente a él. En ese momento las estrellas se apagaron porque son pudorosas y yo era muy joven todavía. Pero

Adolfo quería a los niños. Apoyó mi cabeza sobre su cuerpo enorme con excesiva delicadeza y dejó que yo mismo abriera con mis dedos...

Por un largo tiempo no lo volví a ver. Pero, a partir de esa noche, comencé a necesitarlo. Luego de aquella experiencia, primaria y primordial al mismo tiempo, las cosas que me rodeaban, aun aquellas provistas de la familiaridad que les da el uso de todos los días, comenzaron a revelarse de una manera un tanto diferentes. Se hicieron dobles. Es decir, comencé a sentir que al lado de la cosa cotidiana, habitual, se insinuaba una otra que, al par que escatimaba la función inicial, la proveía, atravesándola extrañamente, de una realidad que (y eso era lo más interesante), estaba constreñido a descubrir. Y en donde más me parecía que se cumplía esa ley, y que de esa manera se imbuía de un destino, era en mi propio cuerpo. Desgarbado y débil como siempre, necesitaba ahora proveerse de una fuerza para albergar al otro que no encontraba todavía. Y el otro era bestial. Urgido en todo momento a transitar la otra realidad (que, se me antojaba, transcurría deliberadamente de rodillas u otras veces sostenido por la cintura con el brazo de un hombre que me tapaba los ojos para no permitirme ver sino un horizonte poblado de gemidos), decía, no había logrado aún, simplemente, que ambas cosas se acoplasen. Y comenzó a suceder un fenómeno que se correspondía perfectamente con mi estado aunque era motivo de preocupación para mi madre: comencé a enflaquecer porque el otro consumía mis fuerzas. Sin embargo, al mismo tiempo me sostenía en mi deseo y a la par que mi figura se estilizaba, también se fortalecían mis músculos imbuidos de una inevitable determinación. Para este tipo amor hacía falta acomodar el cuerpo. Y el tiempo obraba. Comencé a buscar a Adolfo por las estaciones y por las calles. Me imaginaba que en cualquier momento (a la vuelta de la esquina o detrás de un árbol de la plaza San Martín en donde tantas veces me había desplomado sobre el parque, mirando el cielo), se aparecería y podría descansar, finalmente, de ese cansancio largo que ya me duraba toda la vida. En esos momentos, una alegría infantil me asaltaba y volvía a encaminarme rumbo a la estación Retiro con las esperanzas renovadas, pero al no encontrarlo, y por muchos días creí que no iba a lograrlo nunca, volvía a mi casa tristemente. Pero entonces, al reparar que mi hogar era un minúsculo sitio en un minúsculo departamento, y no la verja cubierta de flores blancas que nunca más volvería a ver, lloraba sin consuelo y en silencio para no despertar a mi madre. En esa dolorosa cesura transcurrieron mis días, y algunos años, hasta encontrarlo nuevamente.

— ¿Cuándo lo encontró?

— Llegué más temprano que otras veces. Había mucho movimiento en la estación porque era víspera de Semana Santa.

— ¿Entonces?

— La historia del Padre que abandona a su Hijo cuando éste más lo necesita es conmovedora y provoca festejos. Hay mucha gente desplazándose y, por supuesto, también en ese baño. Tuve que esperar.

— ¿Esperar qué?

— La separación de la paja y el trigo. Que se despejara un poco de concurrentes y quedarnos solamente aquellos que queríamos participar del fuego eterno.

— ¿Por qué lo dice?

— Todavía no había anochecido, por lo tanto se colaba por las claraboyas algo de un crepitante crepúsculo que aureolaba, con caprichosas figuras, el suelo embaldosado y brillante.

— ...

— Y el silencio. Por supuesto un silencio sospechoso, criminal se diría, porque se concebía a los efectos de sostener la estructura.

— ¿Qué estructura?

— La que todos estos hombres, de una manera parsimoniosa y exquisitamente delicada, trataban de bordar a partir de casi nada.

— ¿Cómo lo hacían?

— Por ejemplo, a partir de los gestos. El balanceo imperceptible de un rostro que, un momento antes, se aplicaba a mirar hacia adelante con una atención desmesurada, aunque delante de sus ojos se encontraba una pared mugrienta. Por unos momentos extraordinariamente largos, fuera de la medida habitual del tiempo, esa mirada buscó desesperadamente un motivo, una marca, el indicio aunque fuera minúsculo del sentido de las cosas. Y, por supuesto, no halló nada. Entonces el silencio se le hace insoportable, y ésa es la señal. Giran, y en ese gesto, en esa brizna de movimiento, sutil y en comunión, todos los presentes inauguran la forma.

— ¿Qué forma?

— Inventan la figura, la estructura decía recién, aquella que un gesto inadecuado o un ruido improcedente destruye en un instante. La entrada de un gentil, o el insulto hacia algún parroquiano inexperto, da por tierra con el fervor puntillosamente elaborado y deben comenzar nuevamente la tarea: no sólo con miradas van construyendo la noche, también la paciencia está invitada.

— ...

— Y cada uno de ellos con los que me encontré esa noche, teñidos aún con el dorado rojizo de la tarde desfallecida, buscaban a su costado una llave (y algunas de ellas, las preferidas, ostentaban proporciones escandalosas), una llave que les abriera por fin la puerta a la ignominia. Todos querían dar testimonio.

— ¿De qué?

— De la ausencia, por supuesto, de la imposible consecución de algo que no fuera la irremediable soledad del hombre. Cuando yo entré se rompió nuevamente la tela, y el bordado que iba desde unos labios sedientos hasta la encarnación más gruesa se deshizo.

— ¿Lo encontró?

— No lo veía aún. Me acerqué al más hermoso y me quedé un rato con él para acompañarlo.

— ¿Acompañarlo?

— Es que se estaba haciendo de noche. En esos momentos sobreviene un temor. En definitiva, la manifestación más clara de que los concurrentes están vivos, es decir, que no son estatuas de sal castigadas por el pecado de mirar hacia los costados. Luego de algunos minutos lo descubrí. Era Adolfo.

— ¡Ah!

— Casi me caigo de espaldas, pero cuando se dio cuenta de que era yo se hizo el desentendido. Por algún motivo esa noche estaba sin el otro, sin Javier, y se lo veía un tanto desprotegido. Quizás por eso al principio simuló no conocerme y recién al final de aquel encuentro, un rato después, me hizo ver que sí, que cuando me hablaba era *a mí* a quien lo hacía. Se abrochó parsimoniosamente el pantalón y se fue para los espejos. Yo lo seguí inmediatamente.

— ¿Y qué sucedió?

— Él comenzó a lavarse lentamente las manos. Yo me pegué a su cuerpo casi sin disimulo. De costado. Adolfo lo aceptó.

— ¿Entonces?

— Me enamoré. Quiero decir que fue esa noche, y en ese nuevo encuentro tan deseado, cuando me enamoré. La anterior, aquella durante la cual me mostrara un simulacro de boda, fue el principio solamente.

— ...

— Esto merece una explicación. Por fuerza, nuestra limitada capacidad para entender lo eterno nos obliga a razonar un comienzo. Una vez iniciado el camino, nuestro camino juntos, tendríamos que avanzar estación tras estación hasta la última. Ahora que nos habíamos visto nuevamente, recién pude darme cuenta de que mi cuerpo se descubría propicio para ser regado por unas semillas capaces de despertar las flores más hermosas: las del Cielo.

— ¿Se lo dijo?

— No pude. Amenazante, su cuerpo extraordinariamente hermoso se inclinaba sobre mis oídos mientras se lavaba las manos, diciéndome: "*si te agarro te voy a romper todo te voy a partir en dos ya vas a ver lo que te va a pasar*". En esos momentos creí entender perfectamente a lo que se refería pues yo andaba medio partido desde que lo conociera, unos años atrás. Ahora solamente quería unirme y, por medio de él, ser uno alguna vez. Así que lo escuchaba.

— ¿Y qué más?

— En otro momento comenzó a recitarme la cantilena aquella, la de meterme preso, y de cuántos años tenía, que si tenía padres, de qué hacía a esa hora, que si me gustaban los tipos, de todas esas cosas que eran su ritual, algo así como una oración propiciatoria cuya única función era despertar el miedo para que perfumara nuestro encuentro.

— Ah.

— Hasta que salimos y caminamos hacia una de las salidas de la estación y nos detuvimos ahí, mirando el horizonte. De un lado la ciudad, casi lejana y adivinándose por medio de las luces. Del otro lado nos esperaba un paredón que una vez recorrimos a garrotazos. En el jardín del mundo dos caminos se abrieron. El bien y el mal estaban lo suficientemente transitados como para insistir en ellos. Así que optamos por el camino de las brasas encendidas.

— ¿Qué hicieron?

— Nada. Me dijo: *"Mocoso de porquería otra vez vos siempre detrás de mí tomátelas no te quiero ver más por acá"*, y me miró a los ojos, por primera vez, sin el artificio de los espejos sucios. No nos pudimos desprender hasta la muerte.

Nos empezamos a ver. Adolfo trabajaba para la Policía, así que la cuestión tenía sus complicaciones. Al principio, todo estuvo encaminado simplemente a arreglar cómo íbamos a hacer para vernos sin despertar sospechas o mal interpretaciones. Es decir, nosotros teníamos que interpretar bien para que los demás interpretasen mal y, al vernos juntos, nos confundieran con otros que no sentían las mismas cosas que sentíamos nosotros. Igual que todo el mundo, por otra parte. Sin embargo, en aquellos días, eso me resultaba muy extraño. Sin ir más lejos, me hizo dar cuenta de que existía un abismo entre la realidad que se manifestaba de manera concreta, real, y el deseo, mi deseo que no admitía ningún impedimento y rugía para que el cielo nos viera cuanto antes caminando por la calle, uno al lado del otro y tomados de la mano. De repente descubría que entre él y yo, o mejor dicho, entre nuestro amor y la realidad de nuestro amor, había una cantidad de cosas que se interponían y que había que exterminar. De manera inaudita nuestro amor para realizarse tendría que transitar sobre un mar de cadáveres. Lo intentamos. En la primera noche no pude dormir. Acurrucado en mi pequeña cama soñé con flores blancas. A la mañana siguiente debíamos encontrarnos frente al río marrón. Recuerdo que tomé un colectivo que no usaba frecuentemente. Me puse a jugar conmigo mismo, mientras el corazón me latía fuertemente, a que nadie se diera cuenta de que por primera vez en mi vida iba rumbo a la muerte. Quiero decir que todo mi cuerpo participaba de un desorden tal de los sentidos que creí que en cualquier momento iba a estallar. El juego consistía en subdividir cada movimiento que estaba obligado a hacer: levantar la mano, sacar el boleto, caminar hasta el fondo del colectivo y sentarme en el último asiento, decía, en movimientos más pequeños, cortados, cada vez más minúsculos hasta casi hacerlos imperceptibles. De esa manera, por un lado sentía que retrasaba el tiempo, y por el otro impedía que en algún momento no pudiese controlar el cuerpo, que se escapase y en vez de caminar ordenadamente hacia el fondo me arrastrase hasta él o que, en lugar de sentarme juiciosamente sobre el asiento, me subiera encima y saltara sobre éste como saltan los niños sobre el colchón de sus padres. Estaba enamorado. Mirando por la ventanilla, la ciudad se me presentaba como si fuera un jardín de infantes. Todos estaban jugando a que la vida era eso: levantarse, vestirse y presentarse en sus empleos. Todos disimulaban de esa forma, a duras penas, el volcán inflamado que llevaban. Y cuanto más lentos se desplazaban, más parsimoniosos en el andar y cautos en las acciones que realizaban para mantener la ficción, mayor herida adentro; y el fuego del amor brutalmente aplastado se convertía en lágrimas que a veces, inopinadamente, se asomaban. Sentado en el último asiento yo también jugaba. De repente, entre la acción de tomar un boleto y recorrer veinte asientos, me había convertido en un hombre. Había crecido y estaba haciendo mi primera experiencia en la simulación del dolor y la esperanza, mis primeras armas en la falacia con que el cuerpo escondía ante el mundo la felicidad inaudita que me producía mi primera cita con Adolfo. Cuando descendí del colectivo me quedé inmóvil y esperé, razonablemente, a que siguiera su marcha. Entonces lo miré desde atrás y, para mi consternación, yo seguía viajando en él. Sentado en el último asiento giraba ahora la cabeza y me miraba. Estaba llorando. Corrí hacia él. Mientras el colectivo aumentaba la velocidad lo fui perdiendo, quería hablarle, explicarle un poco aunque no sabía qué: no sé cómo se cuentan estas cosas. Lo dejé partir. Crucé la calle sin mirar y entre bocinazos me dirigí hacia el mar de la Costanera Norte. Adolfo me esperaba en la orilla sentado sobre la hierba fresca, levemente inclinado hacia un costado, su largo brazo descansando sobre una rodilla flexionada y triturando distraídamente con sus dientes una ramita que había recogido en el lugar. Miraba hacia adelante, hacia el río, y si se lo hubiera pedido se habría internado en las aguas para mostrarme que era capaz de caminar sobre ellas sin hundirse. Yo no quería eso ahora, tan sólo quería echarme a su lado y disfrutar de mi primer encuentro con el hombre, que además era hermoso. Enseguida comenzó a bromear conmigo. Hacía constantes referencias a que yo era flaco: *"che, miseria"*, o a que era demasiado inocente; a veces me decía: *dale, tenemos que volver en colectivo*, y cuando yo le preguntaba cuál, me respondía: tomemos el *"setentra"*, y se reía. El no acostumbraba a reír. Como todas las personas que tienen cosas para ocultar, se cuidaba muy bien de no mostrar en público lo que le producía placer o le desagradaba. Era una costumbre adquirida hacía mucho tiempo y que a la postre terminó siendo una de sus mejores armas. Al no tener quien le dijera, en ciertos momentos de su vida, qué es lo que podía hacer y qué no, no tuvo más remedio que aprender solo a descifrar la incógnita, observando en los demás, a través de sus acciones, la conveniencia o no de determinados gustos. De haber tenido un padre le hubiera resultado fácil. Como no lo tuvo se fijó en otros hombres. Entonces se dio cuenta de una verdad terrible. Los hombres desean cosas pero no lo manifiestan abiertamente. Así que fue un trabajo duro tratar de adivinarlos, observando sus gestos. Y vio que la sonrisa, imperceptible, arcaica, era la más peligrosa porque era la más clara. Así que por pura protección dejó de usarla. Sin embargo conmigo fue diferente. Aquella mañana, y otras veces, comenzó a parecerme una persona muy distinta a la que yo había conocido hasta entonces. No solamente bromeaba sino que comenzó a darme muestras de una confianza absoluta, como la vez en que tuvo que entrar a un negocio y me dejó el bolso que llevaba eternamente, en donde guardaba el uniforme y, por su peso, algunas cosas más. Ese hecho me conmovió. Y otra mañana, caminado juntos por la Costanera (en un momento en que teníamos el sol detrás), aparecieron nuestras dos sombras sobre el pavimento. Una sombra larga y una sombra pequeña, el hombre grande y el hombre chico unidos por el artificio de la luz y de la oscuridad; por el sol a lo lejos y por la tierra aquí y ahora, que sostenía nuestros pasos; el Cielo y el Infierno unificados en un par de sombras que a poco de movernos se unieron esplendorosas, mucho más cuando, de manera imprevista y en una acción que estuvo a punto de desencadenar un desastre, Adolfo me pasó la mano por los hombros. Nos detuvimos un instante, sorprendidos, mirándonos a través del espejo oscuro que, a nuestros pies, reproducía la figura doble, una sola figura ahora, la que murió enseguida de pura desesperación. Nos separamos rápidamente y yo corrí hacia la orilla del río de la Plata, balanceándome sobre el borde un rato que me duró toda la vida. Así transcurrieron los primeros días. Y que fueron los únicos. Una tarde de verano en la que yo me había quedado mirándolo por largo rato con la secreta esperanza de que al mover su cabeza sus ojos volvieran a tropezar con mis ojos, como una forma de repetir la impronta de nuestras relaciones en lo que tenía que ver con la mirada, con el ver y también con la ceguera que produce el relámpago, alzó un brazo y colocándolo una vez más sobre mi hombro, hirviente, me pidió que lo visitara en su casa, en la pensión.

— Fui a visitarlo.

— Cuénteme.

— Hacía mucho calor. La noche anterior había habido una tormenta que despertó a muchísimas personas de sus habituales sueños, y no lo habían podido recuperar nunca.

— ¿Por qué?

— Se dieron cuenta, en la mitad de la noche, y mientras afuera se desencadenaban los vientos, que había otras cosas.

— ¿Qué cosas?

— El mar y un pequeño navío luchando contra la corriente.

— ¿...?

— Apenas sostenido por la luz vacilante de un farol ardiente, el Hombre, quien además es hermoso, intentará que las olas rugientes no lo apaguen. Por eso es que maniobra agazapado, cubriendo con su cuerpo la débil llama aun a riego de quemarse. Al alba, exhausto y en la orilla, se puede contemplar sobre su pecho una flamante herida que todos los otros hombres quisieran calmar con sus caricias.

— ¿Qué otras cosas?

— También la soledad. El mar le arrebató a su padre una mañana de septiembre así que había muchas flores. En un momento mudaron su destino de belleza para ir a cubrir el cuerpo de un hombre muerto.

— ¿De qué está hablando?

— Del calor de esa tarde. Caminando rumbo a la pensión de Adolfo, el pavimento ablandado bajo el sol recalcitrante reproducía mis pasos sobre la vereda.

— Está exagerando.

— La tormenta había desgajado árboles que dormitaban ahora, sin pájaros nocturnos, una siesta interminable. Cuando me detuve frente a la puerta desgastada de la pensión miserable, el eco de mi puño trastabilló por los pasillos frescos. El dueño de la pensión, un hombre joven, me indicó el camino.

— ¿Qué camino?

— Tenía una Biblia en la mano. Mientras me hablaba brevemente, me observaba con esmerada atención. Al final de unos largos pasillos silenciosos me dejó en la puerta del cuarto tras un pequeño patio y se retiró musitando el versículo del día: *Yo soy el Camino...*

— ¿Qué más?

— Adolfo me esperaba. Como hacía mucho calor, apenas un pequeño pantalón deportivo de color blanco puro anulaba provisoriamente la vastedad de su cuerpo. Su pecho: coronado por las dos tetillas rosadas, se desparramaba por su superficie inmensa una transpiración de perlas; algunas se morían de desesperación cuando chocaban con el elástico de la prenda que se acordonaba alrededor de su cintura, y las que sobrevivían le mojaban los pies, tan fantásticos que semejaban un par de exóticos peces que sostenían sobre sus espaldas un cardumen rubio. Me miró sonriente.

— ¿Qué le dijo?

— *"Viniste, miseria"*. Pero luego dejó de sonreír y, en un silencio que le duró casi toda la larga tarde en que lo visité, me hizo pasar al cuarto mirando rápida y subrepticiamente por los pasillos mustios. Cuando entré me encontré con una cama.

— ¿Una cama?

— ¿Conoce esos lugares? Son pequeñas habitaciones que constan de una cama, un ropero y, pendiendo desde lo alto, un foco de veinticinco voltios suicidado por ahorcamiento.

— No.

— Adolfo se sentó sobre la pequeña cama intentando una naturalidad que desfallecía en un lugar tan pequeño y, con la mano diestra, golpeó a un costado con suavidad invitándome a ocupar ese lugar a su lado. Pero eso era imposible, irreal, porque su mano era tan fuerte y el gesto tan delicado que el lugar que señalaba, el hueco imperceptible que por un momento se dibujó sobre la pobre colcha, estalló en llamas.

— ¿Qué dice?

— *A la diestra del Padre*, decían las palabras que el dueño de la pensión leía en ese momento. No me senté aún. Antes de ello pasarían otras cosas.

— ¿Qué cosas?

— Intenté besarlo.

— ¿Entonces?

— Sus labios eran gruesos. Y aun sonrientes parecían tristes. Por motivos desconocidos los mantenía siempre entreabiertos, levemente caído el labio inferior, como si le faltase algo: una palabra jamás pronunciada o una alegría infantil. De haber logrado ambas cosas, a lo mejor su boca no semejaría, como ahora, una rosa inconstante.

— ¿Lo besó?

— No quiso. Su mano fuerte borró de un manotazo la figura que estuvo a punto de cuajar. De haberse logrado en tiempo y forma, quizá, las cosas hubieran devenido en nada. De esta manera, y a su arbitrio, la visita que le estaba realizando se deslizaba por el necesario derrotero.

— ¿Cuál?

— El que une en una línea tan imperceptible y sutil, que muy pocas veces es comprendida, el rumbo y la derrota al mismo tiempo.

— ¿Sí?

— Me dio la espalda. Comenzó a andar pero, como el lugar era tan angosto, con dos pasos llegó hasta el límite. En ese horizonte se detuvo. Se trataba de una minúscula ventana que desembocaba en un pasillo oscuro. Con eso era suficiente.

— ¿Por qué?

— Me obligaba a seguirlo. Era una llamada. Una invitación. Él poseía algo entre sus manos que, por fuerza, obligaba a seguirlo para enterarse y de esa forma participar del misterio. El juego era simple y además tan meridiano que desde siempre el hombre simple participa.

— ¿De qué manera?

— Una potestad superior, el adelantado cuyos pies aún sobre la tierra apenas disimula que sus ojos sólo miran al cielo. Los demás apenas atinamos a seguirlo en procesión. Si llegamos a soportar la caminata bajo el sol, él quizás se dé vuelta y nos sonría.

— ¿Le sonrió?

— No todavía. Me entretuve observando una pequeña cadena de oro que Adolfo llevaba alrededor de su cuello robusto y que terminaba en un bello crucifijo cuyo reflejo me había encandilado en la entrada, un momento antes. En la oscuridad mediana y ruin de ese cuarto era el único indicio.

— ¿Indicio de qué?

— De la precariedad de las cosas. Basta un instante, apenas ese inesperado y momentáneo reflejo, para que aquéllas se subyuguen, para que pierdan la sustancia parsimoniosamente adquirida en años. La luz les mostrará qué poca cosa.

— Sigamos.

— Pero además estaba su espalda: ancha, indestructible, lisa, poderosa, eterna.

— ¿Qué más?

— Me desnudé. Hacía calor. La temperatura, en ese lugar pequeño y cerrado, tornaba todo casi irrespirable. Adolfo se dio vuelta. Mirándome, me pareció que los movimientos que yo realizaba para desatarme los cordones de los zapatos adquirían una entidad diferente. Aun en su simplicidad se arrebolaban de una significación determinante. En un momento se enredaron.

— ¿Se enredaron?

— Y me ayudó, arrodillándose frente a mí. Pacientemente, con los dedos de una mano me estiraba los cordones y, con la otra mano, se afirmaba a sí mismo sosteniéndome por los tobillos flacos. Un momento más tarde y con la misma suavidad me ayudó a despojarme de mi camisa azul. En la penumbra del cuarto mi cuerpo se empequeñecía mostrándose tal cual era, sin el artificio vano de las ropas. Por un momento pareció que Adolfo me iba a meter en la cama y a cubrirme para echarme a dormir. Si le hubiera pedido que me contase un cuento lo habría hecho, sin darse cuenta de que lo que yo quería era otra cosa.

— ¿Qué otra cosa?

— Cuando sus manos fuertes me rozaron en el desvestimiento, mi cuerpo débil comenzó a gritar.

— ¿Qué?

— Se dio cuenta al instante de que quería morirse.

— ¿Cómo dice?

— Para nacer de nuevo. Abandonar la vieja urdimbre, la inveterada manera de apersonarse y soportar que el otro se apodere de lo que queda. Que los restos se constituyan a imagen y semejanza de ese cuerpo voluminoso y real, el cual, inevitablemente, te hará doler.

— ...

— Esa belleza fulgurante no puede ser gratuita. Deseé pagar con el dolor para que ese brazo poderoso me inaugure.

— ¿Qué dice?

— Ahora me doy cuenta. En ese día apenas pude aprovechar un descuido de Adolfo para arrojarme riendo sobre él, como lanzándose al mar. Quería que me enseñara a nadar. Mi padre no había tenido tiempo.

— Escúcheme...

— Se alejó luego. Adolfo volvió a mirar por la ventana. Parece que el lector de la Biblia comenzó a rondar por los pasillos. Pero enseguida me mostró unas fotos. Siempre hay una edad de oro y en esa edad, el niño que fue Adolfo había viajado a Mar del Plata con su padre, al parecer. Conoció el mar. Una sola vez. A partir de allí sólo se había sumergido en sí mismo. Quizás yo podría ayudarlo a no ahogarse.

— ¿Usted?

— Porque lo amaba. Por eso lo había visitado. Y no me iba a ir hasta aprenderlo todo.

— ¿Aprender qué?

— El momento del cuerpo. Y lo estaba logrando.

— ¿Cómo?

— Cuando más tarde se extendió sobre mí, tapándome la cara con su mano abierta, me decía que no tenía otra forma. Que si hubiera otra lo habría intentado porque él también me amaba. Cuando el hombre se desnudó comenzó a suceder lo inevitable.

— ...

— Por algunos momentos, y al alcance de nuestras manos temblorosas, sucumbieron las otras formas con las que, inexpertos, pretendimos refugiarnos. Quiero explicarle. Algunas de estas inútiles figuras se conformaban con un hombre sosteniendo sobre sus rodillas a un niño a quien enseña a mirar una puesta de sol, allá en el horizonte. En otras se recogía la necesidad impetra de albergar, con la mirada pudorosa, la confesión más secreta del amado. También ese momento inenarrable en que una voz te nombra y al mismo tiempo te descubre; el beso suave sobre la frente acalorada, el brazo firme en la cintura del muchacho, el velo grácil que protege el rubor de la novia frente al altar, el gesto del pastor bendiciendo a la oveja descarriada; pero todas, y en ese entendimiento se inmolaban, no podían suplantar la realidad de un cuerpo que gemía anhelante por encontrar la forma capital, definitiva. Sólo existe un camino. Y Adolfo sufría por eso. Entristecidos ambos por no encontrar el alma sino a través del cuerpo, el amor sino a través de la violenta sujeción de la carne al capricho de la Naturaleza, el perdón sino a través de las lágrimas que intentaba esconder y, sobre todo, la belleza insondable del Hombre más que a través de un dolor que se hace intolerable. Así que debimos abandonarnos juntos a la perenne realidad y al secreto. Adolfo me dio vuelta y arrancándome la más íntima e indefensa vestidura, se echó sobre mí con todo su cuerpo abierto, engrandecido ahora por la desesperación. Quise gritar pero no pude. Sus brazos fuertes me sujetaban mientras su puño me tapaba la boca y, por debajo de mi espalda, me introducía con violencia, retorciéndose adentro de mí, la manifestación más contundente y desarrollada de su maltrecha hombría. Y no cesó hasta terminar. Todavía me duele su ausencia.

Adolfo

Desde el lugar en donde estaba mi cama, yo miraba las cosas a través de un agujero que tenía la chapa de cartón, que con el tiempo fui agrandando. Me quedaba horas ahí, quería saber de qué se trataba todo aquel movimiento que percibía a mi alrededor desde el momento en que, a la muerte de mi padre, fuimos todos a parar a la villa de Retiro. Mis otros recuerdos tienen que ver con el río que bordeaba el pueblito de provincia en donde había nacido y al que posteriormente abandonamos a raíz de una idea peregrina de mi madre, quien nos trajo a la ciudad con alguna esperanza de progreso para la familia recientemente atravesada por la desgracia. De aquel río lo recuerdo todo. Cansados de vagar durante horas con los otros chicos del pueblo en las interminables siestas del verano, nos internábamos en sus aguas con ciertas precauciones porque se decía que era *traicionero*. Lo percibía, y lo percibo ahora, deslizándose perpetuamente como un gran pescado muerto y a cuya paulatina descomposición atribuía las periódicas hinchazones de su lomo que sobrevenían en los tiempos de lluvia. No había misterio en él o si lo había, lo supe descubrir en aquellas tardes calurosas durante las cuales nos desnudábamos y nos echábamos a nadar y yo, particularmente, me hundía en su interior con los ojos abiertos aguantando la respiración hasta límites insoportables. Y como nadie podía superarme en esa prueba, podía desde ahí por largo rato atisbar, con un dejo de desesperación por el esfuerzo, los cuerpos flacos de los demás aleteando con torpeza infantil para no ahogarse. Y se me ocurrió entender que, en esos movimientos por mantenernos a flote chapotendo en el agua sucia del río, nuestros cuerpos no hacían más que remedar los otros movimientos; que el río no era más que la vida misma y que, desde aquel día cuando me avisaron que mi papá se había muerto, no dejaría jamás de aguantar la respiración para poder sobrevivir. Posteriormente a estos recuerdos ya me encuentro en la villa, y quiso el cielo que por mi cama (es un decir: ubicada al ras del pasadizo y apenas separada por la delgada chapa agujereada) se deslizaran a toda hora, y más durante la noche, los innumerables habitantes del lugar. Y que lo hacían a través de una estrecha y maloliente callejuela interna, la cual y con el tiempo, se convertiría en la segunda manifestación de mis intereses por comprender la vida. Como a través de un río nocturno, imaginaba las siluetas y el eco de sus pasos los sentía tan cerca que parecía que en realidad me habían pasado por arriba del cuerpo; un cuerpo que por esa época había de dejar de permanecer retraído en sí mismo y aprendía a extenderlo a medida que lo notaba crecer con desmesura año tras año. Tendido boca arriba y solo (mi madre abandonaba el lugar con mi hermana pequeña durante todo el día), fui deseando que las demás personas lo descubrieran. Y a menudo me desnudaba para que los pies de los otros, que imaginaba hermosos, se deslizaran por mi pecho y tropezaran, luego, con una forma extraña que había aprendido a sostener con mis dos manos a fin de que el perfume que irradiaba de pronto alejase por algunos instantes la sordidez de la casa. Y en esa actividad incesante se hermanaban los dos ríos: aquel perdido de mi infancia en la contemplación febril de las piernitas flacas, y éste de ahora, peligroso y fuerte, que insinuaban los pasos de unos hombres que desconocía y cuya compañía comencé a añorar.

Por este agujero, como decía, veía pasar la vida, o mejor dicho la vida miserable de mis vecinos, a quienes luego aprendí a reconocer y a odiar al mismo tiempo que descubría el engaño, pues los ecos que despertaban mi imaginación en aquella solitaria adolescencia no albergaban más que rostros cansados y destinos desesperanzados. No obstante, poco tiempo después y contradiciendo las expresas indicaciones de mi madre, que se deslomaba para sacarnos del lugar, comencé a frecuentarlos y a iniciar con ellos el necesario conocimiento del mundo. Mejor dicho: con algunos de ellos, y más expresamente con un hombre al que llamaban el Comisario (de quien se decía que había pertenecido a la Policía Federal y que lo cesantearon por algunas cuestiones relativas al carácter), el mismo que gastaba su mediana edad en inculcar en los más jóvenes, y no en todos sino en aquellos que supieran apreciar sus dones, unos asuntos que teniendo que ver con la vida, y también con la muerte, me interesaron vivamente y no decliné hasta convertirme en su preferido. Cuando comencé a observarlo muy discretamente a través del agujero, ya que vivía casualmente enfrente de mi casa (y para ello fui rompiendo día a día un poco la abertura pues mi madre al salir me encerraba para protegerme), percibí que era asiduamente visitado por unos muchachos cuyas voces y algarabías me resultaban perturbadoras por sus registros agudos y gestos llamativamente amanerados. Pero me calmaba de inmediato cuando lograba escuchar la voz del Comisario, pausada y varonil, y a cuyo imperio parecía que se silenciaban todos para oírlo.

Pero un rato más tarde, la música estridente que irradiaba un potente trasmisor, y que se adivinaba como un objeto precioso para los visitantes, los engullía a todos y las risas argentinas se mezclaban alegremente con la cancioncita de moda que, sin querer, me aprendía de memoria por su insistente y a la par fácil estribillo. En esos primeros tiempos y por estas mismas razones no me despegaba de mi agujero (que día a día agrandaba con mis dedos), y la ocupación consistía, fundamentalmente, en tratar de adivinar los cuerpos enteros que se me aparecían fragmentados desde mi lugar de observación cada vez más apasionada. Hasta que pude descubrir, luego de variados intentos, que aquella cabellera teñida con un color intensamente rubio se correspondía con una pierna desnuda y enjoyada con una fina pulserita de oro, engalanando de esa manera unos tobillos flacos; y que la repetición de esas formas me iba denunciando la constante presencia de uno de estos muchachos, quien al retirarse los demás permanecía inmóvil escuchando, me imaginaba con fervor, la palabra del Comisario. Una tarde calurosa, a la hora de la siesta, me despertaron unos gritos a medias sofocados que se mezclaban con el susurro del hombre, el Comisario, quien se insinuaba imperioso y al instante tranquilizador y que, por la proximidad de apenas unos metros de mi cama, resonaron en mis oídos casi como dirigidos a mí. Esta circunstancia, sobre todo ese rumor extrañamente familiar aunque desconocido, me llevaron a terminar mi obra. Rompiendo afanosamente los últimos intersticios, me pude deslizar por el pasillo oscuro y asomarme por la ventana del Comisario para descubrir finalmente, y con alivio (porque a partir de ese momento se terminaron mis sueños y comenzaron las realidades), como el hombre penetraba al muchacho del tobillo enjoyado con determinación y violencia y, al mismo tiempo, con dulzura y consideración. El muchacho dorado y el Comisario habían entendido que la fragilidad exasperante de uno se correspondía con la dotación desproporcionada del otro, y esto provocaría un dolor inolvidable. Más tarde supe que todos en la villa, y aun de alrededores, le pedían lo mismo. Apenas enterados de su destino, y en la necesidad de inaugurarse el cuerpo, preferían a mi vecino, pues en la brutalidad de su tamaño encontraban una verdad que con otras dimensiones se les hubiera antojado irrelevante. Enseguida me hice amigo del Comisario.

Primero me contó su historia. De tarde en tarde, cuando se retiraban los otros dejando un halo perfumado, y acalladas sus risas estridentes, nos quedábamos solos. Eran esos momentos los que más me gustaban. Lentamente nos acomodábamos para hablar y, mientras lo ayudaba a ordenar algo del caos que por lo general quedaba luego de la retirada de los *chicos*, el Comisario calentaba el agua y me enseñaba a preparar el mate, que luego me servía parsimoniosamente. Me hablaba de una manera pausada y clara, y el timbre de su voz, que yo había aprendido a diferenciar y apreciar al mismo tiempo (desde mi pobre cama al otro lado del pasaje), tenía la propiedad de provocarme una paz desconocida para mí, y una sensación de seguridad que me daba cuenta había perdido en la vida y que, de esa manera, fue restableciéndose al compás de sus relatos. Y lo que me contaba, y yo escuchaba como si fuera el catecismo, no tenía que ver específicamente con él sino con las personas que conocía o había conocido, a quienes definía y comparaba con detalles que para el común pasan desapercibidos. De más está decir que todo eso era nuevo y apasionante para mí. Que existiera la posibilidad de registrar a las personas que nos rodeaban, y ubicarlas de tal manera en un lugar según un código único y personal, me llevaba a entender la siguiente ventaja: en comparación con ellas uno mismo tenía la posibilidad de conocerse. Por oposición o correspondencia, las otras vidas se ofrecían a las nuestras como un paisaje y, a partir de ahí, uno podía elegir en qué lugar ubicarse. Y como en todo paisaje hacen falta los variados colores, y aún los grises y negros, cualquiera es útil y todos pueden concertar la experiencia. Así aprendí que era posible establecer una distancia entre uno mismo y los demás; también, que las personas tienen deseos, y para enterarse de ellos lo mejor es observarlas con cierta determinación. Desde esta perspectiva, cada persona adquiere su importancia y aún para aplastarla es necesario detenerse en ellas. La indiferencia para con los otros es mortal, en ningún momento conviene distraerse. Yo lo escuchaba entusiasmado.Sin embargo, lo que más me llamaba la atención era el trato que me dispensaba; una deferencia a la cual yo, obviamente, no estaba acostumbrado, haciéndome sentir que mi persona era especial, única (en realidad todos lo somos) y, por lo tanto, merecedora del mayor de los cuidados. Atento a mis reacciones y preparado a escuchar mis tímidas preguntas, se tomaba su tiempo para contestarlas como si fuesen importantes interrogaciones. Y esa profunda cortesía y ese respeto del Comisario para conmigo en esas largas tardes fueron haciendo nacer en mi una profunda gratitud que hacía surgir la necesidad de hacer por él todo lo que me pidiese. Porque las cosas que ocurren entre los hombres, desde la perspectiva que lentamente comenzaba a percibir, no tenían que ver con las caprichosas asignaciones morales que algunos interesados le adosaban, sino con la relación que ambos establecen, el lugar que decidan otorgarle en el casillero que con absoluta libertad eligen y a cuya única potestad se rinden. Nada ni nadie tenía la autoridad moral para interferir en la fraternidad no exenta de amor que supimos construir durante las interminables tardes de relatos, los dos solos al abrigo del mundo en una pobre casa. Una pequeña casa que, al ritmo de nuestra felicidad común, se distanciaba de la realidad miserable que cualquier ignorante podría atribuirle al verla y que se convirtió en el lugar en donde dos hombres, casi como un padre y su hijo, reiteraron una vez más el nacimiento del mundo. Y que además, como corresponde, inventaron la ficción necesaria para que el bien y el mal quedasen a salvo, y debidamente estipulados. Yo le pedí que me violara. Y en esa tesitura sus palabras adquirieron una impronta diferente. Se convirtieron en la prolongación de su cuerpo. De la misma manera que el tono acompasado con que me descubriera las verdades del hombre, sus caricias tempranas fueron abriendo en mí aquel territorio que había entrevisto alucinado en muchas tardes antes que ahora, y aquella fortaleza viril que golpeaba mis oídos y había aprendido a apreciar a través del pasillo lo sentía de repente encarnada en el enronquecido gemir con que más tarde me urgía a abrir mis piernas para sostener su cuerpo enardecido. Mi cuerpo como un río. Y para que el chico no se ahogara, debí aguantar una vez más sin respirar porque el dolor es insoportable. Y pude comprender en ese ahogo fatal que nada es como es. Que hay una ausencia real e incomprensible que no llenaría jamás y, en su lugar, el cuerpo enarbolado del Comisario no hacía más que determinar los límites de la desesperanza. Y que el dolor y el grito... en ese río de mi infancia algunos peces saltan y por instantes brillan al contacto de la luz fulgurante del aire y luego se entierran otra vez... me había acomodado sobre la mesa y me indicó que me agarrara firme de los bordes de la madera gastada y que apoyara mi mejilla derecha sobre el plano, ayudándome él mismo con su mano enorme sobre mi cabeza. En un momento determinado atiné a abrir los ojos y noté que el mate, que acabábamos de usar, se bamboleaba al compás de sus impulsos hasta que se estrelló contra el piso. En ese momento no aguanté más y quise gritar, pero el hombre estaba preparado para eso porque me había observado desde siempre. Y echándose de golpe con todo su peso adentro, me tapó la boca hasta que su propio grito contenido me anunció que nada dura toda la vida. A partir de esa tarde nunca más me tocaría, y aprendí que debía ser yo mismo el que buscara en los otros el dolor que él había convocado en mí como la prueba más contundente de su amor filial.

Años después mi madre consiguió su objetivo, a fuerza de incontables sacrificios, y nos llevó a vivir a una pensión del Once, una desmejorada mansión que había sido construida en su origen, a principios del siglo pasado, como residencia de una familia rica. A pesar de que pudo alquilar para mí una piecita minúscula, la que había sido diseñada otrora para guardar los alimentos (mi madre compartía otra un poco más amplia con mi hermanita), comparada con el lugar del cual veníamos la pensión resultaba para mí un verdadero palacio. Eran dos plantas muy amplias, atravesadas por innumerables pasillos internos por los que me encantaba transitar a pesar de las prohibiciones, dado que solamente se permitía el desplazamiento por la zona cercana a la pieza alquilada. Me gustaba jugar a que me extraviaba en ellos, y, sobre todo, lo hacía a la hora de la siesta, que era cuando por lo general el lugar se encontraba casi vacío. Eso fue al principio, porque pasada la novedad otras preocupaciones vinieron a reemplazar aquellos juegos. Mi madre seguía trabajando todo el día así que yo me pasaba, igualmente, todo el día en mi cuarto imaginando cosas. Había crecido y las cosas que imaginaba tenían que ver con el futuro. Por supuesto no el tipo de futuro que imaginan todos. Para mi las cosas se presentaban de distinta manera, aunque quizás similares a las de muchos otros a quienes se los ha arrojado del paraíso. Eso no me pesaba especialmente: lo importante era que me había dado cuenta y por lo tanto contaba con alguna ventaja con relación a los demás. A partir de allí, lo único que tenía que hacer era vivirlas. Y no como una predestinación sino como una especie de alegría. Al no tener un padre que me dijera lo que era bueno y malo, todo me estaba permitido; y cualquiera fuera el resultado de los múltiples caminos que se me abrían, nada podía ser peor porque lo peor ya había pasado. El Comisario me había hablado de muchas cosas y, de alguna manera, me había dado la primera lección. Yo ya había imaginado algunas más y estaba ansioso por probar en el mundo aquellas maneras de ser, o mejor dicho de estar, que el hombre me había explicado pacientemente mientras tomábamos mate y antes de iniciarme él mismo de la forma más gráfica que había sabido encontrar. Por otra parte, en cualquier momento comenzaría a trabajar pues mi madre andaba buscándome un empleo, algo que se hacía dificultoso porque yo no sabía hacer nada. En cierta oportunidad me internó en una escuela de curas, la que abandoné al poco tiempo para volver a la pensión. Recuerdo siempre esas interminables y calurosas tardes a la hora de la siesta: casi todos se han ido y desde las piezas de los que permanecen se escucha el rumor particular de unos pequeños ventiladores giratorios, algunos de los cuales crujen al volver nuevamente a reanudar el recorrido. Yo no tenía ventilador, así que mi único recurso era despojarme de mis ropas y, acostado sobre la cama, entretenerme observando mi propio cuerpo reproducido en el espejo de un ropero marrón. Por la posición que usualmente ocupaba sobre la pequeña cama, el espejo no dejaba ver mi cabeza, lo que provocaba que sólo el cuerpo en casi toda su extensión se dibujara sobre el cristal azogado. Y eso era lo que finalmente me mantenía ocupado, durante horas, en aquellas silenciosas siestas de verano: el puntilloso descubrimiento de un cuerpo que, al observarlo desprovisto de las facciones de su poseedor (lo que le daría la identidad correspondiente), podía pertenecer a cualquiera, y eso provocaba un extraño efecto de autonomía y distanciamiento que me satisfacía. Separado de mí mismo, era necesario atender a sus particularidades y deseos, y el juego consistía en sorprenderme con los mínimos detalles de ese cuerpo y en las sutiles variaciones que provocaba sobre la piel el medio ambiente, en la penumbra larga, mientras pasaba el tiempo. Día a día me demoraba en la contemplación de un cuerpo que se me antojaba desconocido y era necesario atisbar en todas sus formas para encontrar la marca y el indicio que lo diferenciaba con el cuerpo de ayer, los cambios acaecidos en consecuencia y, más tarde, la facultad de establecer los que aparecerán mañana. Con la virtuosidad de un jardinero que sabe descubrir las imperceptibles variaciones de las plantas que florecerán esa misma noche, me agotaba en el desciframiento de mis brazos alargados, en la curva de mis rodillas y también, durante las tardes más calurosas, en la forma especial que, entre mis piernas, auspiciaba por la generosidad evidente de sus proporciones un destino al cual me sentía especialmente predestinado. En una de esas exploraciones fui sorprendido por un muchacho, que luego se presentó como Damiancito.

Como estaba manifestando, hacía calor esa tarde y, como consecuencia de ese fenómeno, todas las cosas adquirían una lentitud particular provocada, quizá, por la densidad del ambiente que no permitía los desplazamientos rápidos. Mucho tiempo después, un amigo llamado Javier me habló de un filósofo griego que se llamaba Zenón de Elea, el cual había dicho que el movimiento de las cosas no existía o algo así. Yo nunca lo entendí muy bien, sin embargo, en esos días en los que parece que cada gesto o movimiento se divide a sí mismo en otros pequeños movimientos, y uno imagina que la suma de todos ellos se hace imposible porque, a su vez, estos más pequeños se subdividen nuevamente, me acuerdo del filósofo. Había llovido durante toda la noche anterior y, por lo tanto, la tormenta no se había alejado totalmente y permanecía agazapada por los rincones. Eso hacía que, detrás de cada partícula de las cosas del minúsculo cuarto en que me hallaba, se escondiera la posibilidad de un desastre. Un movimiento en falso y aquella trabajosa partición del tiempo se derrumbaría. La tormenta entonces, ahora invisible, se adueñaría de todo. Yo estaba desnudo. Sobre el espejo, un cuerpo increíblemente hermoso e inocente, como son todos los cuerpos, se detenía en la contemplación de sí mismo y descubría que el filósofo de Javier no estaba equivocado: el tiempo mismo no existía. Sobre la realidad, un cuerpo increíblemente hermoso e inocente, *como son todos los cuerpos*, había logrado encaramarse en la partícula más pequeña del cosmos y, desde ahí, se enseñoreaba por sobre todas las cosas (que entonces le pertenecían), y todo por obra y gracia de una belleza incomparable. Y al igual que otras veces tratando de no respirar, como en aquel juego del río de la infancia. El cuerpo al que le faltaba la cabeza me acompañaba y, en su inconsciencia, se demoraba en una eternidad que se malograba cada tanto, cuando la fuerza de la Naturaleza me obligaba a respirar. En esos momentos volvía a escuchar el ruido de los ventiladores, el silencio de los cuartos vacíos y, sobre todo, los pasos de Damiancito por la casa vacía. Muy cerca de mi pieza había un patio muy pequeño que, no obstante, atraía el sol vehemente de la tarde y que al cruzarlo la figura del muchacho se convertía en una sombra. Y ése era el otro fenómeno de la tarde: las personas se desdoblaban. Sin saberlo Damiancito también participaba: en su inquietud inocente quería descubrir lo que acontece cuando el cuerpo se convierte en otro. Pero aún no lo había experimentado. Su juego, por el momento, era cruzar el patio lo más rápido que podía (el sol ardiente castigándole las rodillas) porque quería alcanzar la sombra que veía salir desde su cuerpo y se alargaba apenas se introducía en el perímetro iluminado por los rayos de un sol inexorable. No sabía que esa misma tarde por fin la alcanzaría y, durante un tiempo que no olvidará jamás, su cuerpo transitaría por todo un valle de sombras. Mientras tanto yo me adormilaba y el entresueño tejía, sobre el territorio de mi piel, un deseo que apenas un momento después cristalizaba en una forma enorme, la misma que al estrellarse contra el espejo abierto abría en la ruindad del cuarto la única posibilidad de soportarlo. Las cosas desaparecían, se hundían víctimas de su propia mediocridad, por la incapacidad supina de albergar aunque fuera metafóricamente la verdad que mi cuerpo irradiaba, esa luz, la sangre a borbotones, y se ausentaban en un lugar al que siempre pertenecieron y apenas comprendemos alguna vez: el de la nada. Porque en ese estado me daba cuenta de la tamaña precariedad de todo aquello que pudiera interponer apenas una brizna de realidad ante mi cuerpo, que en esa tarde alojaba a todos los cuerpos del mundo y por lo tanto podía convertir su limitada materialidad en una inmensa fuente de la que los demás pudieran beber la posibilidad de su propia algarabía. Me sentía maravillosamente excitado y el espejo a duras penas podía sostener la impecable figura que Damiancito, quien seguía jugando aquel juego imposible, entrevió de repente detrás de las cortinas de mi pieza. Una brisa inaudita acompasó la tarde y el muchacho adivinó que en ese movimiento que quebraba la pesadez ambiente moviendo la cortina, se insinuaba otra cosa que la mera comprobación de una dinámica; y que en la sutileza del pliegue enmugrecido por el uso se escondía un embrión que a poco mudará en un animal fantástico, el que por fuerza deberá engullirlo. Pero no tuvo miedo. Sucede que los niños, o mejor dicho los grandes que se convierten en niños cuando pasan estas cosas, encuentran en las manifestaciones más extrañas la pura posibilidad de encandilarse; y en esa distracción se pierden, se abandonan. Y a lo que había que abandonarse, en esta hora, era tan extraordinario que quiso descalzarse, porque le pareció que de improviso se abría ante sus pies una corriente de agua inundando las baldosas rotas. Y sintió entonces que él necesitaba atravesarla, refrescarse, para llegar hasta un cuerpo que más allá de la cortina lo esperaba para matarlo. Y fue una idea extraña la del muchacho y que creí entender, entre sueños, mientras lo observaba. Sin embargo, al principio apenas atinó a sostenerse pues la vibración del agua que no existía le provocó un mareo y se sentó en el suelo para desatarse los cordones. Cuando logró sacarse las zapatillas con la dificultad que siempre tuvo para hacerlo (que lo obligaba a concentrarse para no enredar sus dedos), se sorprendió porque sus pies le parecieron peces. Recién nacidos en la sancta alegría de este día de gloria, se alborotaban provocándole cosquillas queriendo transitar por el patio inundado para llegar hasta mi cuarto. No comprendía Damiancito aún el destino de los peces ni el de las novias porque tuvo otra idea cuando agachado en el medio del desierto se animó a mirar una vez más hacia adentro de la pieza y yo aproveché para guiar su mirada con mi mano, acariciándome. Como esta vez pareció darse cuenta de que lo que veía no era un espejismo, de que no había agua bajo sus pies y de que la forma arrebolada apenas entrevista no era un rayo de sol sino la pura posibilidad de morirse, se acostó sobre el suelo y, cerrando los ojos bajo el calor, se imaginó que un vestido de raso cubría su figura y resolvió que no se movería de ahí hasta que un hombre desnudo se lo arrancase con violencia. Y que junto a él, compartiendo su sino, los peces alejados del río se asfixiaban bajo el sol inclemente. Lo ayudé. Invitándolo a entrar interrumpí de inmediato la catástrofe. Adentro de la pieza respiró nuevamente.

Tiempo después conocí al Chico en el baño de Retiro. Yo ya había entrado a trabajar para la policía, con la ayuda del Comisario, a quien no había dejado de ver y que tuvo que abandonar la carrera, a pesar de su inteligencia y valentía, por una cuestión menor. El hombre tenía la vocación del pedagogo antiguo y se había permitido con algunos aspirantes a la Fuerza una enseñanza que conjugaba la ley con la deshonra. Pretendía que los jóvenes (no todos por supuesto sino aquellos en los que adivinaba una especial predisposición para la virtud) comprendieran la norma y al mismo tiempo la trasgresión para salir al mundo provistos de una fortaleza que, por lo general, la dubitativa educación impartida no contemplaba. Y los reclutaba a la noche. Cuando se apagaban las luces recorría los cuartos de los cadetes, quienes, sumamente agotados por los excesivos ejercicios físicos concurrentes a su formación, dormían en pequeñas camas, uno al lado del otro. Algunos de ellos, justamente los que prefería el Comisario, se entregaban a sueños voluptuosos. El Comisario había aprendido a deslizarse entre las camas como a través de un bosque oscuro, cuidando que sus pies, que imaginaba descalzos, no tropezaran con las ramas caídas que, entre los árboles, escondían serpientes venenosas. Si lograba engañarlas encontraría el árbol más frondoso y, desnudo, se encaramaría en él llenándose de heridas hacia el final de la noche. Pero antes de ingresar a los cuartos se detenía un tiempo bajo el marco de la puerta, que permanecía abierta por disposiciones reglamentarias y desde ahí contemplaba su sombra que la mortecina luz del pasillo agrandaba delante de él. Y vomitaba. Invadido por una sensación de pánico y alegría al mismo tiempo, comprendía que la única manera de soportar la inaudita transformación era permitir que esa imagen lo sostuviera. Guiándose por ella, se adentraba en el silencio brutal de la noche a través de un cuerpo que desconocía y que la sombra de repente le había inaugurado. E ingresaba. Como en nichos, la hermosura viril se enredaba en los muchachos, maloliente de un perfume fuerte que en sus brazos largos escondía el mar salado. Sobre los pechos nuevos la miel, y entre las piernas los pájaros salvajes arrancándose los ojos a picotazos. Sin embargo, al principio, acostados todos hacia el cielo, al Comisario le parecía que estaban muertos. Por los pasillos de un cementerio inundado de flores, se agazapaba para atisbar sobre los labios entreabiertos el aliento, que con trémulos dedos sostenía. Y descubría que no, que estaban vivos, y que la vida era eso: una sutil voluta que bordaba a sus ojos una espléndida coreografía en la penumbra herida de suspiros. Sólo ahí se calmaba, y una alegría triste se apoderaba de él, y un dolor que apenas mitigaba con lágrimas pequeñas y callado gemir. Todo esto me lo contaba el Comisario en aquellas largas tardes en la villa de Retiro. De esa forma me fue adiestrando acerca de la luz y de la oscuridad, del día y de la noche, y de la manera en que ambas entidades operan sobre el individuo, al cual no le queda otra salida que hacerse cargo de ellas si quiere conocerse. Lo fatal son los grises, y basta darse una vuelta por ahí para darse cuenta del desastre que provoca la indecisión. Como fantasmas de sí mismos, las personas deambulan por el mundo sin saber qué cosas son capaces de hacer o, mejor dicho, en quiénes son capaces de convertirse. Se quedan con lo que les dijeron sus padres, cuando todo el mundo sabe que son los menos indicados porque si supieran de qué se trata todo lo hubieran aplicado en ellos mismos. Al Comisario le mataron el padre cuando era chico (que también había sido policía), así que se había permitido descubrir el asunto por sus propios medios, y en eso andaba. También me había contado que una noche de aquellas, cuando visitaba los dormitorios de los aspirantes, se había animado por primera vez a levantar con mano temblorosa una pequeña manta que cubría el cuerpo de uno de ellos, el más hermoso si se quiere. Abandonado de repente por la mortaja oscura que inútilmente pretendía acallar tanta hermosura, el Muchacho se iluminó a los ojos del Comisario, quien quiso de inmediato quemar sus dedos en esa llamarada. Arrodillándose junto a él, descubrió que el Muchacho estaba adornado con los dones más extraordinarios, que ese cuerpo era todos los cuerpos y que, de esa manera, se convertía en la única medida de la felicidad más plena pero también de su desdicha. Y ante esa inevitabilidad se entregó por primera vez y para siempre. Sentado frente a mí como era su costumbre para contarme ésta y otras historias, se levantó un momento para arreglar el mate que temblaba un poco entre sus manos. Imaginé que estaba llorando.

El Chico era obstinado. Cuando entró al baño me pareció, en una primera vista, que no estaba capacitado, aunque poco faltó para que me convenciese de lo contrario. Era valiente también. No obstante, en aquella noche nos desembarazamos de él (yo estaba con Javier como de costumbre) y aunque dio, como decía, algunas muestras de carácter, no le supe dar mayor importancia. Me anduvo merodeando por algún tiempo sin encontrarme porque yo, apenas lo visualizaba, me escapaba y me divertía luego mirando, desde lejos, cómo deambulaba sin rumbo fijo por la Estación, hasta que me olvidé de él. Pero unos años después nos volvimos a encontrar y comenzamos a vernos. Para ese entonces yo conocía a una gran cantidad de hombres con los que me encontraba en el baño de Retiro, a toda hora pero más bien durante la noche, y a quienes invitaba a seguirme con o sin el argumento de la credencial. Había descubierto un lugar al final del largo paredón que está en el lado norte de la Estación. De día es un sitio bastante concurrido por la gente que traslada mercaderías desde los trenes de carga hasta los camiones, y por el personal de Retiro que controla el peso y la cantidad de las aquéllas. Pero al atardecer se convierte, apenas el rosa crepuscular comienza a ennegrecerse, en un refugio ideal para los amores que, por su propio brillo, no necesitan la luz del día. Lo había tomado como una especie de tarea que, por supuesto, no tenía nada que ver con las verdaderas actividades que realizaba para la Fuerza. Yo estaba recomendado. La influencia del Comisario que ya no era comisario había logrado que mi persona formase parte de un gran grupo dentro de la Policía que no obedece ciegamente a sus jefes naturales. Aún debiéndoles el respeto y la consideración, y reportando a éstos regularmente, estábamos dispuestos y preparados para todo otro servicio. Del cual no te voy a hablar porque no te resultarían claros, ni siquiera lo eran para el resto de los policías que se agotaban y se agotan en peligrosas y/o rutinarias actividades por un sueldo miserable. De todas maneras, y esto es fácil de entender, me correspondía visitar regularmente al Comisario, obviamente sin vestir uniforme, disimulado el trapo adentro de un gran bolso de gimnasia que llevaba al hombro constantemente. Me esperaba en su casa. Enseguida echaba a los chicos teñidos de amarillo y con pulseras de oro falso en los tobillos (que siempre lo acompañaban), y se preparaba para escuchar pacientemente mis relatos sobre lo que acontecía en la Fuerza. Como si fuera aquel emperador desterrado que alguna vez vimos juntos en una película de televisión un domingo por la tarde (no ese domingo cuando me pidió, por primera y única vez, que me desnudara frente a él y me pusiese un uniforme impecable que siempre guardaba como su objeto más preciado), se interesaba, digo, por todo lo que acontecía en su reino perdido al cual iba a volver, según me confesó una vez, apenas cambiaran las circunstancias. En realidad no mentía, y en la lectura de aquellas circunstancias debían aparecer no solamente los cambios en la cúpula sino también los humores de la tropa. Tenía que recordar todo aquel comentario, aun en forma de broma, que en la intimidad de los vestuarios se permitían los policías comunes sobre la situación de tal o cual oficial, o acerca de las tareas que debían realizar; también, por supuesto, todo mínimo malestar que anunciase algún cambio repentino o demorado, según la particular visión con que el virtual Comisario armaba sus estrategias con mi ayuda desinteresada. Quedaba claro, desde siempre, que haría todo lo que me pidiese, con una lealtad a toda prueba. Y también le hablaba de mis cosas. Cuando le conté que había conocido al Chico me escuchó atentamente, como siempre. Era un día domingo y lo había despertado de una pequeña siesta que ese día de la semana solía hacer mientras me esperaba. Crucé la villa acompañado por el olor particular que se esparce por la zona durante las tardes de calor agobiante. Escuchaba, además, el sonido ensordecedor de los innumerables minicomponentes que transmitían un partido de fútbol en la final del campeonato. Cada tanto un grito de alegría o admiración resonaba ampliamente por los largos pasillos. Festejaban los goles del cuadro preferido y la pericia del jugador estrella a quien imaginaban bajo el sol de la cancha, corriendo y agitando su rubia cabellera, mientras armaba jugadas increíbles para la felicidad del villero. El Comisario no escuchaba los partidos porque se agotaba en otras pasiones. De inmediato nos pusimos a tomar cerveza fresca, la que, según me decía, compraba especialmente para mí, desconociendo quizá que ese comentario me provocaba siempre una pequeña y secreta felicidad. Ese día mi amigo estaba particularmente melancólico. Comencé a contarle con lujo de detalles un importante rumor que circulaba en la Fuerza, con relación a que iban a reincorporar a todos aquellos que (...), pero me pareció que estaba distraído. Y que al mirarme no me veía a mí sino a alguien detrás de mí, lo que le provocaba recuerdos del pasado, y a ellos se abandonaba por momentos. Al contrario de otras veces tomó mucha cerveza y yo también, de tal manera que, al rato, sus movimientos se fueron haciendo cada vez más lentos. Y paulatinamente se convirtieron en nada más que su brazo (el cual era muy voluminoso y lucía desnudo como siempre), alargándose y sosteniendo el cuello de la botella para verter el líquido con mayor o menor fortuna en nuestros vasos de vidrio grueso. Yo hablaba pero mi voz se iba apagando, cansada y dificultada por el alcohol, creando suavemente entre nosotros un clima particular que sumaba al espesor de la tarde de verano la pesadez de nuestros propios corazones. Comenzaron a latir al mismo tiempo. Me sinceré. Comencé a contarle lo del Chico. Le dije que sentía por primera vez que, cuando el muchacho se acercaba a mí y me hablaba, la autoridad y aun la violencia que en general ejercía sobre los otros se estrellaba contra la pura inocencia del muchacho y que eso me desarmaba. Que a lo mejor lo amaba. Y muchas cosas más. Pero a partir de un momento, mientras le narraba todo esto con palabras nuevas (que parecían resistirse a salir de mi boca por la falta de costumbre), y que el sonido de mi voz se enredaba y llenaba la habitación en penumbras, me di cuenta de que el Comisario, quien había dejado de beber cerveza pero no había dejado por un instante de beber mis palabras, se transformaba. Desde su cuerpo comenzó a manar un humor que yo había conocido alguna vez: virilidad y perfume, y un color pálido que muda en arco iris desde el rosa más suave hasta un violento azul. En ese momento me interrumpió y, balbuceando, me pidió que me desnudara y me pusiera un uniforme que trabajosamente sacaba desde su escondite, desenredando torpemente un paquete de papel de diario largamente plegado y oscurecido por el tiempo. Cuando me incorporé para obedecer sentí mareos. La cerveza que habíamos tomado hacía su efecto en ambos. Sin embargo, lo que comenzó a acontecer tenía que ver con otra cosa. Era, más que nada, una certeza que lentamente fue invadiéndonos mientras hablábamos, y la que ahora producía en mí una alegría infantil a la par que una desazón tremenda. Y no es que fuese totalmente inesperada. Mirándolo a los ojos me percataba de que, aunque éramos desconocidos como somos todos los hombres (él no era mi padre), veíamos las mismas cosas. Que al recorrer el mundo con nuestros ojos tristes aparecía a nuestra mirada, con el mismo color y con la misma forma, un paisaje que no nos pertenecía pero que, igualmente, queríamos transitar. Pues si lográbamos atravesar lo que creíamos eran cerrojos que obstaculizaban nuestros pasos (pasos que necesariamente había que realizar con los pies descalzos), una verdad terrible que parecía la felicidad pero no lo era, nos sería posible reconocer. Y que quién nos la revelaba circunstancialmente desconocía que esa brasa, la que depositaba en nuestras manos anhelantes y por la que rogábamos todos los días con fervor, nos quemaba horriblemente. Con la apariencia de un muchacho hermoso, el mensajero también desconocía (cabellos núbil sobre una frente triste en donde depositábamos nuestro primer beso antes de caer de rodillas), que, una vez retirado, digo, una melancolía inaudita se apoderaba de nosotros y nuestros cuerpos recién atravesados por la gloria se desvanecían en sueños, y el recuerdo, una y otra vez convocado, se desgastaba en lágrimas que regaban la ausencia. Y esa nostalgia se manifestaba atroz. Como un perfume fatal se derramaba gota a gota, por más que nuestros dedos intentaban recuperar, vanamente, el roce que recién descubría, en unos labios rosa, una de las maneras más hermosas de morir. Esa melancolía y esa tristeza que adivinaba en el Comisario, y en cuya hermandad me solazaba yo mismo; y que sentía, ahora, al disponerme a trastocar con mi cuerpo desnudo todo cuanto hubiese de real en ese cuarto miserable que nos rodeaba y convocar de esa manera aquella otra realidad, a la que nos abrasaríamos con el mismo fervor con que los vecinos a nuestro alrededor festejaban, en esos momentos, el triunfo del equipo de fútbol más popular que había ganado una vez más el campeonato. Me desnudé despacio: mis brazos largos, mi pecho, la belleza. A mi lado, el uniforme azul esperaba vacío el instante en que mi cuerpo lo convertiría en la alegría de un hombre, el Comisario, mi padre, quien encontraba de esa manera el lugar en donde la tierra se junta con el cielo. Y como eso le provocaba un dolor indecible, a medida que me iba vistiendo, con sus gruesos puños se golpeaba el rostro amoratado y acallaba sus gritos que, en forma de quejidos, se bebían un llanto indescriptible, eterno.

La tarde en que me visitó el Chico hacía mucho calor, y Damiancito se había pasado todo el tiempo en la recepción con el ventilador encendido y leyendo la Biblia. Habían transcurrido varios años desde aquellos juegos de muchachos y nuestros encuentros ahora eran fortuitos, por razones de vecindad o *servicio de hotel*, como lo llamaba ampulosamente desde que se hiciera cargo del mismo. Sin embargo, parecía mantener en su mirada y en sus gestos la impronta de un pasado que se resistía a perderse en los vericuetos del tiempo y que, desgraciadamente, se le aparecía cada vez que me veía. Cuando lo encontraba en el amplio hall de la casa y, luego de un saludo breve, me dirigía a mi pequeño cuarto, no podía dejar de sentir a mis espaldas que, a la par que mantenía su dedo sobre el versículo que estaba leyendo con cierta dificultad (pues nunca aprendió a leer de corrido), no despegaba la vista de mi figura hasta que yo desaparecía por los pasillos. Otras veces deambulaba por la casa con una actitud que pretendía ser diligente (era muy exigente y un poco cruel con una pobre chica que limpiaba), pero bastaba una mirada sostenida o el gesto equívoco de algún ocasional pasajero para que su cuerpo comenzara a realizar extraños movimientos y a sugerirle derroteros que prestamente sojuzgaba esforzadamente con la lectura de su libro consolador. Y buscaba en las batallas terribles contra las tentaciones protagonizadas por el héroe por todos Adorado la fuerza de voluntad que le faltaba para sus propias flaquezas. Deseos que debía reconocer tenían que ver con algo muy sencillo pero por lo mismo tan difícil: desnudarse con la misión de que todos los hombres lo clavaran y por esa acción poder sentarse luego a la diestra de un padre que Damiancito no tenía. De todas maneras, apenas le pedí que me permitiese que me visitara un amigo aun contradiciendo las reglas de la casa, accedió gentilmente y metiéndome rápidamente en el cuarto esperé al Chico como se espera el alba...

Damiancito

"En el principio ya existía la palabra siempre existió no la inventamos nosotros estaba antes que nosotros y antes que nosotros la reconociéramos ella ya nos reconocía no hacía falta que hiciéramos nada ella lo hacía por nosotros mediante ella se hizo todo y por ella se conocieron todas las cosas porque esa palabra es verdadera y a través de su acción nosotros somos porque lo que somos se lo debemos a la palabra porque la palabra contiene la vida y esa vida es la luz de los hombres los hombres no son nada la vida es lo que es porque es contenida por la palabra que es la luz de los hombres sin la luz los hombres se perderían sin la luz de la palabra la vida se perdería no se conocería la vida porque esa luz brilla en las tinieblas hermanos las tinieblas no pueden contra ella no la pueden sofocar porque a través de ella de la palabra las tinieblas salen a la luz por medio de las palabras las tinieblas desaparecen a la luz de las tinieblas la palabra aparece y contiene a los hombres para que la luz se haga en ellos para que la verdad aparezca sin la verdad de los hombres sin la verdad de la palabra no somos porque en el principio existía siempre existió hermanos y yo voy a dar testimonio de la verdad de los hombres por medio de la palabra voy a dar testimonio de un hombre por medio de la verdad para que las tinieblas de un hombre se hagan a la luz para que la luz lo ilumine y para que su verdad aparezca y ese hombre hermanos apareció una tarde yo lo encontré y a partir de ese momento se me hizo la luz comprendí la luz y también las tinieblas y ese hombre era un enviado yo lo reconocí cuando apareció una tarde en mi casa

yo no hablaba aún no reconocía la palabra aunque la palabra ya existía pero me di cuenta enseguida de que era un elegido y que traía la luz pero también las tinieblas y me quedé mirándolo cuando apareció una tarde con su madre y su pequeña hermana él no hablaba todavía no me hablaba tampoco apenas me miraba yo lo miraba porque todavía no tenía la palabra y lo reconocí que él venía como testigo para que todos conocieran la verdad y comencé a seguirlo por toda partes porque lo había reconocido quería la verdad y la luz y él era la verdad y la luz así que lo seguía por todas partes y fui reconociendo las señales al principio él no me veía pero yo lo veía a él cuando se acostaba a dormir la siesta lo seguía despacio para que no se diera cuenta cuando él se acostaba a dormir yo lo miraba a través de la cerradura era difícil porque apenas lo veía pero comprendía que para conocer la palabra eran necesarios todos los sacrificios y todas las estratagemas porque la verdad no es fácil y una vez que entendí que él tenía esa verdad no me importaba el sacrificio así que cuando se acostaba lo miraba él se desnudaba al principio no lo veía pero una tarde en que la puerta no estaba tan cerrada lo vi que se desnudaba hacía mucho calor así que la puerta no estaba tan cerrada y lo miraba él se estaba mirando en el espejo y no me miraba él miraba su cuerpo en el espejo cuando hacía mucho calor y lo que vi me conmocionó porque la luz que estaba buscando fue apareciendo y la verdad que yo estaba necesitando él la tenía las señales también lo seguía a la noche cuando todos dormían yo no dormía cuando todos se acostaban a soñar yo lo buscaba y lo encontraba en el baño cuando se bañaba a la noche él se bañaba a la noche porque de día no había agua porque la cortaban cada dos por tres entonces cuando todos dormían yo lo seguía al baño él no me veía porque yo lo miraba desde el agujero de la cerradura y lo escuchaba al principio como se bañaba primero se sacaba toda la ropa se quedaba mirándose al espejo hasta una noche en que hacía mucho calor él dejó la puerta abierta entonces me asomé muy despacio al principio él estaba detrás de la cortina de plástico apenas veía su silueta y escuchaba el agua la luz fue apareciendo la verdad que él tenía él era un enviado y tenía una verdad que yo buscaba pero todavía no tenía la palabra por eso es que corrí la cortina con mi pequeña mano agarré la cortina de plástico que estaba muy mojada y pude verlo él se estaba bañando y el agua lo cubría por todo el cuerpo tenía los ojos cerrados y la espuma le corría por todo el cuerpo tenía un cuerpo muy grande como nunca había visto antes y con sus manos enjabonadas se frotaba todo su cuerpo por todo su cuerpo sus manos grandes como nunca había visto sus piernas eran fuertes y estaba abiertas y de espaldas el agua le corría por atrás él no me veía porque estaba de espaldas entonces lo miraba hasta que se dio cuenta que lo estaba mirando porque se dio vuelta pero yo salí corriendo lo había visto él era el elegido que yo estaba buscando entonces salí corriendo mi corazón saltaba y casi no podía respirar lo había visto y me daba cuenta de que era el testigo que andaba necesitando que tenía la luz y que estaba en mi propia casa lo reconocí por su cuerpo que era un cuerpo grande como nunca había visto él tenía la luz entre sus manos cuando se frotaba por todo el cuerpo y se iluminaba él no me veía y yo lo veía a él cundo se desnudaba a la tarde cuando hacía mucho calor y se miraba en el espejo cuando me di cuenta de que era la verdad que estaba buscando que él tenía en su cuerpo la luz y las tinieblas no dejé de seguirlo hasta que una noche me metí en su cuarto cuando estaba durmiendo él se había bañado y yo lo había mirado por el agujero de la cerradura y escuchaba el agua y me imaginaba las manos grandes que se pasaba por todo el cuerpo y no podía dormir yo no podía dormir a la noche así que fui a su cuarto cuando estaba durmiendo con la puerta abierta para que corriese un poco de aire era de noche así que había luna por todo el cielo y yo no podía dormir pensando en su cuerpo grande cuando se desnudaba frente al espejo y no me di cuenta de que había luna por todo el pequeño patio que estaba frente a su cuarto hasta que me acerqué la luna iluminaba todo el pequeño patio y se metía adentro del cuarto me acerque despacio y cuando lo pude ver me di cuenta de que la luz del cielo lo estaba iluminando por todo el cuerpo él dormía desnudo porque hacía mucho calor siempre hacía mucho calor en la pensión así que lo miraba al principio no lo miraba porque tenía miedo de que se despertara porque todavía no había llegado el tiempo de la cosecha hay un tiempo para vivir y un tiempo para morir me acerqué al elegido que dormía y la luz de la luna me enceguecía la luz del cielo lo cubría por todo el cuerpo entonces me di cuenta por primera vez de que era hermoso y la verdad de lo que miraba era tan grande que las tinieblas desaparecieron al instante cuando lo estaba mirando la luz de la luna se hizo tan intensa que pude verlo en toda la verdad entre sus piernas como nunca había visto tenía una verdad que andaba buscando como nunca había visto así de grande entre sus piernas le colgaba me asusté y salí corriendo otra vez para que no se despertara porque no había llegado aún el tiempo de la cosecha de la verdad que entre sus piernas colgaba y era tan grande como nunca había visto el corazón me latía y casi no podía respirar mientras corría me acordaba de sus piernas y de su cuerpo bajo la luz del cielo y no podía dormir después porque la palabra que está antes que nosotros la palabra que ya existía se había encarnado la palabra que buscaba para decir toda la verdad estaba en ese cuerpo bajo la luz y las tinieblas al mismo tiempo entre sus piernas colgando las tinieblas no lo sofocaron él dormía desnudo porque hacía calor siempre hacía calor en la pensión y yo lo había mirado bajo la luz de la luna y era hermoso como nunca había visto alguien tan hermoso y era grande como nunca había visto algo así de grande entonces lo seguía a todas partes y no podía dormir porque a la noche me despertaba porque quería encontrar la palabra y no la encontraba por más que me esforzara y quería recuperar ese momento en que lo había mirado desnudo bajo la luna no encontraba la palabra porque encontrar la palabra que diga la verdad es difícil y es necesario hacer muchos sacrificios y me parecía que la única manera de encontrar la verdad era acercarme al testigo y preguntarle porque desde esa tarde en que se apareció por mi casa con su madre y su pequeña hermana me pareció que podía contarme la verdad e iluminarme me imaginaba que me acercaba al cuerpo del elegido y lo tocaba cuando se estaba bañando y que de esa manera encontraría la palabra porque cuando a la noche me despertaba no podía dormir porque adentro mío se confundían todas las palabras y yo quería encontrar la palabra que aparecía cuando miraba su cuerpo desnudo a la tarde frente al espejo *y no podía se me ocurrió que la única forma de encontrarla era tocarlo cuando se dormía cuando la luz y las tinieblas se confundían bajo la luz de la luna y entre sus piernas colgando y que la única manera de encarnar la palabra era acercarme a la verdad que encarnaba su cuerpo quería acercarme entre sus piernas hasta que una tarde de verano entré a su pieza hermanos cuando él se estaba mirando y éste es mi testimonio hermanos.*

Por esta puerta deberán entrar todas las ovejas y las ovejas obedecerán si no fuera el pastor no le harían caso hay muchos pastores el mundo está lleno de pastores todos tiene la voz fuerte y muchos sonríen también pero las ovejas no lo reconocen se acerca a la puerta y la puerta está cerrada el pastor duerme porque no es el pastor el pastor verdadero no duerme el pastor espera frente al espejo para que las ovejas lo reconozcan por esa puerta las ovejas entrarán para que el pastor las cuide el pastor verdadero antes de él hubieron muchos pastores yo ya los conocía algunos vienen a la mañana a traer mercadería para el hotel se bajan de grandes camiones repletos de comida y de bebida pero no son los pastores yo estaba acostumbrado a mirar a esos pastores muchos de ellos tienen una estatura alta y fuertes miembros los hombros fuertes y los brazos gruesos pero no son los pastores vienen a la mañana a descargar el alimento traen jamones y gaseosas para que se alimenten las ovejas están transpirados y tienen gruesos vellos en sus pechos están cansados pero alegres con la misión de traer los alimentos para las ovejas se ríen entre ellos y son muy bromistas yo miraba siempre a los pastores porque buscaba al pastor verdadero el pastor que está en la puerta esperando que entren las ovejas las ovejas perdidas las ovejas que necesitan al pastor verdadero que espera tras la puerta porque los pastores que reparten los alimentos a la mañana en grandes camiones y bromean entre ellos y tienen los brazos gruesos traen alimentos que no calman el hambre y traen bebidas que no calman la sed porque los pastores verdaderos el pastor que espera detrás de la puerta tiene una bebida y una comida que calma el hambre para siempre los pastores falsos no lo saben pero el pastor verdadero sabe que aquél que coma de su comida no tendrá más hambre y aquél que beba de su bebida no tendrá más sed yo estaba confundido miraba a los pastores que a la mañana traían los jamones y las gaseosas porque buscaba al pastor verdadero y los seguía con la mirada al principio y como se daban cuenta se reían entre ellos y hacían muchas bromas entonces empecé a seguirlos al sótano los pastores transportaban las mercaderías hasta el sótano de mi casa para depositarlas en el fresco con sus voces fuertes y sus vellos gruesos en el pecho yo estaba confundido porque creí que uno de ellos era el pastor verdadero creí que las señales que me hacía eran verdaderas cuando me guiñaba un ojo y me palmeaba en los hombros y me decía "vos sí que sos un campeón" creí que era el pastor verdadero y que era la puerta por la que deben entrar todas las ovejas así que lo seguía hasta el sótano todas las mañanas cuando descargaba los alimentos y las bebidas para calmar el hambre y la sed no sabía que ese alimento no calmaba el hambre para siempre y que esa bebida no calmaba la sed para siempre yo estaba confundido porque el falso pastor tenía unos ojos verdes que me recordaban un prado en donde pastan las ovejas y una sonrisa que me recordaba el agua cristalina en donde las ovejas calman su sed así que lo seguía al sótano a la mañana cuando depositaba los alimentos y como estaba cansado y acalorado se sacaba la camisa y descansaba un poco sentado sobre unas bolsas y con la camisa se secaba todo el cuerpo transpirado y se pasaba la camisa por todo el pecho para secarse sus vellos gruesos y me miraba y se sonreía y me decía "vos sí que sos un campeón" y abría las piernas se sentaba transpirado sobre unas bolsas después de acomodar el alimento y como tenía calor también se sacaba las zapatillas tenía unos pies enormes y se los tocaba con sus manos fuertes yo lo miraba y no le decía nada porque estaba esperando las señales quería saber si por esa puerta debía entrar yo lo esperaba todas las mañanas y bajaba con él lo seguía hasta el sótano porque quería mirar cuando se sacaba la camisa y se sentaba abriendo las piernas sobre unas bolsas una mañana me dijo que tenía mucho calor que si podía se iba a sacar toda la ropa me preguntó yo no le hablaba porque todavía no conocía las palabras yo estaba buscando la puerta y él me pedía permiso para sacarse toda la ropa porque hacía mucho calor esa mañana primero se sacó la camisa para secarse por todo el pecho los vellos gruesos después se sacó las zapatillas tenía unos pies enormes se sentaba con las piernas abiertas y me pidió que lo ayudara así que me acerqué despacio para ver esa puerta él me agarró la mano y la colocó entre sus piernas después se bajó el cierre del pantalón y me hizo meter la mano adentro largo rato y me dijo que agarrara muy fuerte para que se ponga muy gorda me dijo con la voz cristalina que parecía el agua del arroyo en donde las ovejas calman las sed y cerraba sus ojos verdes que parecían el prado en donde las ovejas calman el hambre y cuando estuvo muy gorda la sacó afuera y se bajó completamente los pantalones pero en esos momentos mi madre me llamó desde arriba y él salió huyendo porque no era el pastor verdadero el pastor verdadero da la vida por sus ovejas porque las ovejas son suyas y yo era suyo quería recibir todo el alimento porque tenía hambre y sed cuando se bajó los pantalones pensé que era una señal porque estaba muy gruesa y podía alimentar con eso a muchos como yo y calmar la sed de cientos más pero era un pastor asalariado el pastor asalariado cuando viene el lobo abandona a sus ovejas y huye no vino más no era mi pastor lo esperé mucho tiempo luego de esa mañana no podía dormir a la noche lo imaginaba bajándose de su camión con todo su alimento entrando al sótano con toda su bebida yo tenía mucha hambre y mucha sed pero él no era el pastor verdadero porque no quiso alimentarme no vino más otros pastores siguieron viniendo pero no tenían los ojos verdes ni las voces cristalinas como el otro yo los seguía de todas maneras cuando bajaban al sótano y los miraba porque aún no tenía la palabra pero una mañana comencé a hablar me di cuenta de que podía hablar y pedir el alimento para mi boca comenzaron a salir voces en mí que nunca había pronunciado lenguas extrañas que por primera vez articulaban palabras desconocidas para mí sin embargo al punto de pronunciarlas las reconocía al mismo tiempo parecían voces que hubieran estado ahí desde siempre y que ahora aparecían para que con ellas pudiera pedir la comida para calmar mi hambre y la bebida para calmar mi sed comencé a hablar en lenguas extrañas que se me aparecían nuevas ante la visión de los pastores fuertes que bajaban la mercadería apenas los veía que se sacaban la camisa para secarse la transpiración y se sentaban con las piernas abiertas sobre las bolsas la lengua comenzaba a hablar y a pedir alimento para mi hambre y les pedía con una voz extraña pero que reconocía en mí porque siempre había estado ahí la lengua hablaba les pedía que me dejaran meter mi mano adentro de sus pantalones para que se pusiera bien gorda la lengua les resultaba extraña porque me miraban con los ojos muy abiertos no entendían y salían apresurados al otro día les hablaba con nuevas voces que a la noche se me aparecían pensando en ellos las voces nuevas no me dejaban dormir imaginándome el momento en que bajaban de sus grandes camiones se sacaban la camisa en el sótano se sentaban sobre las bolsas con las piernas abiertas me aparecían lenguas en mi boca les pedía que se bajaran los pantalones que me dejaran agarrar muy fuerte para que se pusiera muy gruesa pero tampoco entendían porque se quedaban boquiabiertos y me decían "pibe por qué no te dejás de joder" y otras cosas hasta que dejé de seguirlos porque no eran los pastores verdaderos no me daban el alimento hasta que vino Adolfo y comprendí hermanos que había llegado mi hora.

Ha llegado la hora padre así que levanté los ojos al cielo y me lo encuentro hermanos porque era alto rubio y de ojos celestes ha llegado la hora y es necesario que la gloria se manifieste estuve mucho tiempo esperando hay un tiempo para vivir y un tiempo para morir ha llegado la hora de la prueba hermanos la hora padre la prueba padre para que se manifieste la gloria porque él tiene el poder le ha sido otorgado todo el poder sobre nosotros para que en nosotros se manifieste su gloria para que en mí se manifieste su gloria porque él tiene el poder le ha sido otorgado el poder sobre nosotros le ha sido otorgado el poder sobre mí para que su gloria se manifieste para que me dé la vida eterna levanté mis ojos al cielo hermanos y lo reconocí porque era alto levanté mis ojos al cielo y lo reconocí porque era fuerte él tiene todo el poder sobre mí con sus ojos celestes él tiene todo el poder sobre mí para que la gloria se me manifieste porque estaba desnudo adentro de su cuarto me esperaba desnudo detrás de la puerta para darme la vida eterna para que se cumpliera la obra encomendada hermanos el cielo en la tierra para que yo conozca el cielo en la tierra hermanos y a través de él se manifieste el padre para que a través de él conozca al padre antes de que se conozca el mundo él estaba antes de que yo naciera estaba el padre ha llegado la hora de que lo conozca porque él tiene el poder y a través de su cuerpo lo reconoceré a través de su cuerpo lo encontraré porque estaba desnudo me esperaba detrás de la puerta yo fui a él porque hacía calor estaba desnudo cuando me acerqué me tomó de las manos él tenía las manos grandes y yo tenía las manos pequeñas me preguntó "qué te gusta hacer" tenía mis manos en sus manos me preguntó "qué querés hacer" yo no le hablaba todavía porque mi corazón saltaba y casi no podía respirar entonces miraba hacia el espejo porque a través del espejo se manifestaba su gloria que era muy grande se notaba en todo el pequeño cuarto toda la grande gloria que se le manifestaba mis manos se soltaron yo no le contestaba se sentó en la cama me preguntó "te gusta tocar" me decía y entonces comprendí lo que me iba a pasar y me alegré hermanos porque yo quería tocar yo nunca había tocado una gloria semejante y estaba ahí al alcance de mis manos él me decía "podés agarrarla si querés" y me alegraba porque yo quería conocer la vida eterna mi mano que quería tomarla se sentó a mi lado me tomó la mano y toda la gloria se le manifestó toda la gloria se me manifestó cuando mi mano la agarró tan grande hermanos que a través del espejo me asustaba tan gruesa "qué te gusta hacer" me preguntaba yo no le contestaba su mano grande se apoyaba sobre mi cabeza su mano me tomaba él tenía todo el poder que le había sido otorgado me preguntaba "te gusta chupar" yo no le contestaba pero me alegraba ha llegado la hora y me alegraba hay un tiempo para vivir y me alegraba hermanos yo no hablaba abría la boca y no me entraba la gloria se le manifestaba tan gruesa abrí la boca y me gustaba él me preguntaba "te gusta así" yo no le contestaba pero me alegraba me sacaba la ropa él estaba desnudo y me sacaba la ropa me preguntaba "querés que te saque la ropa" yo no le contestaba pero me alegraba ha llegado la hora hay un tiempo para morir y yo me encomendaba las ropas se desparramaban la túnica morada la prueba hermanos la prueba padre y me acostaba se inclinaba sobre mi y me tocaba sus manos grandes me tocaban por todo el cuerpo se iluminaba me preguntaba "te gusta que te franeleen" yo no le contestaba pero me alegraba su cuerpo sobre mí me aplastaba mientras me tocaba ha llegado la hora su cuerpo hermoso sobre mí me gustaba su cuerpo fuerte sobre mí se manifestaba él tiene todo el poder el cielo en la tierra me encomendaba el cielo en la tierra se manifestaba sobre mi cuerpo su gloria me rozaba hermanos la sentía enorme sobre mis piernas estaba viva y se movía más tarde sobre mi ombligo endurecida tan grande sobre mi pecho me preguntaba "te gusta así" yo no le contestaba pero me alegraba tan grande sobre mi cara abría la boca de nuevo y me alegraba mi cuerpo se iluminaba ha llegado la hora lo sentía sobre mi cuerpo su cuerpo hermoso y desnudo sobre mi cuerpo las espinas me preguntaba "te gusta que te rompan" yo no le contestaba pero me alegraba su cuerpo grande se iluminaba él tenía todo el poder y a él me encomendaba me moría de ganas me besaba se inclinaba sobre mí y me besaba mi cuerpo se iluminaba "querés darte vuelta" me preguntaba yo no le contestaba pero me alegraba me moría de ganas su cuerpo grande sobre mí me abrió las piernas la lanza me empujaba y no me entraba enorme me aplastaba me decía "te va a doler un poquito" y me besaba todo su cuerpo sobre mí y me empujaba me decía "te va a gustar mucho te la voy a meter toda sabés" me besaba pero no me entraba me moría de ganas me tomaba la cara su mano grande sobre mi cara no podía respirar pero no entraba su brazo fuerte sobre mi cintura me tomaba y me besaba me preguntaba "pedila pedila la querés toda adentro" yo no le contestaba pero me ¡aaahhhh! de golpe yo gritaba su cuerpo grande adentro de mí me agrandaba no aguantaba su cuerpo hermoso adentro de mí me mataba no podía aguantar me preguntaba "te gusta te gusta" yo no le contestaba pero me alegraba su gloria enorme se manifestaba adentro de mí y yo gritaba ha llegado la hora estaba viva y se movía me preguntaba "querés más" yo no le contestaba porque no aguantaba su cuerpo hermoso adentro de mí me alegraba su cuerpo fuerte con todo el poder me encomendaba su mano sobre mi cara me tomaba y yo no respiraba no aguantaba y gritaba me preguntaba "todavía falta un pedazo" yo no le contestaba me agrandaba comencé a morder sus manos grandes me sujetaban su cuerpo me aplastaba entre mi piernas la cruz ¡aaahhhh! se enterraba y no aguantaba gritaba me preguntaba "la tenés toda adentro" yo no le contestaba pero me alegraba la gloria se manifestaba me mataba comenzó a moverse su cuerpo enorme adentro de mí y me gustaba en cada movimiento adentro de mí me preguntaba "aguantá un poquito más mi vida" yo no le contestaba pero me alegraba cada vez se enterraba su cuerpo fuerte adentro de mí me preguntaba "¡aaahhhh!" yo no le contestaba pero me alegraba él terminaba al lado mío se acostaba y lloraba junto a mi cuerpo y suave me besaba sobre su pecho hermanos me acostaba y me abrazaba su cuerpo hermoso junto a mi cuerpo me besaba él lloraba me preguntaba "te gustó" y yo le contestaba: "Sí, me gustó mucho".

El Comisario

El muchacho se despertó y me miró y en su mirada no desprovista de temor un destello acerado paralizó mi gesto. Sin respirar e inmóvil, la postura inicial (yo estaba arrodillado) se eternizó, y hubiera muerto si su mano no rescatase la mía, que colgaba absurda. Retirándola de entre sus piernas me reintegró a la vida. En ese preciso instante se inventó el movimiento. Todo lo que suceda después no será más que la continuación del momento cuando, con la otra mano, cubriera con recato la inmensidad de su cuerpo y la manta caída volviera a interceder ante el abismo, al que sin esa acción meditada me hubiera precipitado torpemente, e inclinándose levemente me preguntó en un susurro qué quería. No pude contestar fácilmente porque esa respuesta encerraría todo el tiempo que había transcurrido desde que el hombre fuera expulsado del paraíso, y apenas atiné a sonreír. Guiñándole un ojo, intenté que comprendiera algunas cosas nomás. Sin ir más lejos, que podíamos ser cómplices de una muerte en la que el cuerpo del delito desaparecería una vez concretada sin dejar apenas rastros en la piel. Solamente mañana al despertar y ante el espejo nos veríamos dobles, y en los labios mortificados por los besos violentos de la noche florecería hacia el alba una rosa tan delicada que nos hará llorar de melancolía. Pero no se lo dije porque en esos momentos no sabía si el Muchacho quería acompañarme y en silencio apoyé mi cabeza sobre su pecho que latía tan fuertemente que imaginé que el mar y todos los mares del mundo desbordarían si no lograba aquietar tanta violencia. Y tuve miedo también. Porque las cosas a nuestro alrededor comenzaron a girar lentamente y en el centro estábamos los dos con nuestros cuerpos que parecían tan poca cosa para sostener una tormenta que podría desatarse en cualquier momento y arrastrarnos a todos a la desgracia. Abrí la boca. La piel del aspirante estaba constituida por un material que había logrado condensar la hierba hacia el atardecer, cristalizando sobre su pecho dos flores amarillas, y más abajo el sol, en el preciso instante en que el fulgor se extingue. Quise beber con ansias pero su mano abierta sujetó mi cabeza. Llevándola hacia atrás me hizo saber que aún no era la hora. Mirando a los costados se imaginó cien ojos y que los otros muchachos se despertarían si nos precipitábamos. Temió también que todos quisieran participar de la alegría y batieran palmas, empujando a las olas como cuando nos internamos en un mar caliente. Pero sólo el silencio nos rodeaba interrumpido a veces por un suspiro largo. Entonces me hizo un gesto gracioso con los dedos y al decirle que sí, con lágrimas en los ojos, se levantó despacio de la pequeña cama y nos metimos en el cuarto de las duchas que a metros de nosotros rugían, eternamente, por el agua contenida y las canillas rotas. Antes de esto y para que no quedasen dudas de lo que yo quería (arrodillado junto a él en mitad de la noche podría querer contarle un cuento o arroparlo), le arranqué nuevamente la cobija, rozando con mis manos una forma que al contacto se engrandecía y nos hacía comprender, de una manera extraordinaria, la cercana alegría, el temor, y también la muerte.

Cuando mataron a mi padre yo tenía quince años. Bajo una lluvia austera, un pelotón vestido con sus mejores prendas acunaba al muerto al compás de la música y lo enterraba luego entre lágrimas. Las manos grandes de sus compañeros sostenían mis hombros y algunos me abrazaban, haciendo que la pena se convirtiera en una flor pequeña que al roce con el cuerpo de un fuerte policía irradiaba su mejor aroma. Unos años después quemé las fotos que recordaban el suceso y entré a la Policía como al hogar que había perdido. Pero surgieron los problemas. Adentro de mi cuerpo, que se desarrollaba de una manera prodigiosa, se ocultaba otro hombre que en los dormitorios y en las duchas se despertaba y quería bailar con los muchachos. Y al no poder hacerlo se inmolaba; entonces, a la noche, cuando todos dormían, me preparaba para acunarlo. Mi cuerpo exterior cubría sus restos. No obstante, al alba volvía a renacer y sonriéndome con tristeza nos preparábamos juntos para una nueva jornada. Y para una nueva desesperación, que me acompañó en esos primeros años hasta comprender que aquel hombrecito era yo mismo; aunque también un desconocido quien, sobre mi cuerpo (que ahora ante el espejo se descubría increíblemente enorme y fuerte), se enredaba fatal, dibujando en mi piel una tristeza que solamente otros hombres como él podrían arrancar. Y quise encontrarlos. A partir de ese momento me convertí en policía. Comencé a investigar y a investigarme, buscando infatigablemente en los demás las huellas de los crímenes que quería cometer y que imaginaba perpetrados por los hombres más hermosos. Hasta que encontré al primero, y como también era policía más tarde supe que en realidad él me había atrapado a mí. Un comisario retirado de la Fuerza quien, durante una noche larga en que llovía, ensayó conmigo todo lo que había aprendido desde su juventud para hacer que un hombre fuera uno y un otro al mismo tiempo; que le doliera mucho, además, para que no olvidara el momento ni tampoco el procedimiento y así poder repetirlo con lo demás sin tipo de equivocación. Recuerdo ahora la mañana siguiente. En un rincón del cuarto el comisario dormía, desnudo, sobre una cama desordenada. Yo, sin saber qué hacer, me asomé a la ventana. La ciudad, a lo lejos, se despertaba inmune a pesar de las muertes acaecidas durante la noche. Comencé a darme cuenta. El alba completamente derrotada daba paso a una luz que enceguecía y en ese sopor extraño algunos hombres se preparaban para el simulacro. Como si fueran felices, ocupaban impávidos los lugares que no habían elegido y desde ahí movían los brazos al hablar y el sonido de sus voces arrastraba el cantar de unas aves que no eran. Y a pesar de que a todos los habían echado de sus nidos a picotazos, no mostraban hacia afuera más que un ligero temor que compensaban mostrándose firmes, sin recordar los gritos que, en la piel violentamente atravesada durante la noche, dibujaron escaleras que no llevaban a ninguna parte y perspectivas que simulaban un paisaje en donde sólo era posible suicidarse. Mi cuerpo como un coladero pretendía alegrarse porque al final había encontrado el móvil y, a partir de esa noche, se atraparía a sí mismo cuantas veces quisiera, ahora que conocía el secreto de su felicidad y la confesión de su desdicha. Volví al lecho. El comisario soñaba con muchachos. Su cuerpo muerto descansando sobre un colchón de flores amarillas. Arrodillado junto a su pecho inmenso me puse a llorar.

Muchos años después, obligado a dejar la Fuerza por motivos

singulares, me vine para la villa y ahí conocí a Adolfo. Igual que a muchos otros. Apenas se corrió el rumor de que tenía un pasado fui y soy asiduamente visitado. Quizá no tanto a mí sino más bien para ver en mí las señales de ese pasado. De esa manera se adelantan: al verme se imaginan como serán ellos mismos mañana. Ustedes saben que el tiempo es la mayor incógnita del hombre. Pero no les voy a hablar del tiempo sino de los muchachos. No de todos, por supuesto, sólo de los que me visitan. Aquellos quiénes, en ese movimiento nervioso con que me buscan o el azar con que me encuentran, se inauguran un camino que no tiene retorno. Como son muy jóvenes, todo lo que les ocurre es nuevo para ellos. Una vez que comienzan a andar deben por fuerza seguir hasta el final porque no pueden volver: no sabrían cómo hacerlo. Antes de eso, como flores abiertas a la desesperanza, deambulan por la villa buscando una manera de escapar de ese jardín constante. El perfume que irradian es salvaje porque brota de su propia desesperación, y la belleza que muestran es peligrosa porque se consolida durante la noche. A una hora, cuando todos duermen, ellos se levantan y salen a recoger el miedo de los otros. Se internan en la ciudad desconocida y algunos mueren. Los que sobreviven me visitan luego para consolarse de la desgracia. El mañana no existe, así que lo inventamos. Hoy buscan en mi cuerpo lo que otros cuerpos buscarán en ellos, pero mañana. De esa manera, como todos sabemos, se recrea la perpetua soledad del hombre. Yo conocía a un chico, Sebastián se llamaba. Era muy joven, pero como vivió siempre en la villa tuvo que sacrificar su inocencia muy temprano. Se adornaba. Competía con su propia belleza pintándose el cabello y encadenando sus tobillos frescos con cadenas de oro. Pensaba que, si se encontraba con la muerte, podía canjear sus baratijas por unas horas más de vida. Hasta que yo fuera a rescatarlo, por ejemplo. Desconocía entonces que la muerte lo preferiría al poco tiempo pudriéndose en la Morgue. La primera vez que me visitó andaba descalzo. La pobreza se había ensañado con él desde pequeño, apenas creció un poco intentó derrotarla. Obviamente no pudo. No hablaba mucho porque temía que al hablar se notara lo que estaba deseando. Por algunos años lo ayudé a afirmarse hasta que logré que ingresara a la Fuerza, como agente común y corriente, para que se ganara su sueldito y también como una manera de protegerlo. Esa misma palabra, Fuerza, en él, era casi un contrasentido. Siempre fue débil y la única fuerza con que contaba era la de su hermosura. Cuando estaba desnudo, las cosas a su lado se desvanecían, su cuerpo flaco desmentía la vana realidad material y la poesía venía en su auxilio. Cuando unos delincuentes lo mataron fui a verlo. Lo reconocí enseguida porque, a diferencia de los otros muertos, él se mantenía acurrucado. Parecía que me esperaba en esa posición para que lo alzara en brazos. No me dejaron hacerlo. De haberlo hecho, la Fatalidad se hubiera conmovido y el tiempo habría hecho retroceder las cosas hasta el instante anterior al instante en que el proyectil se internaba en su pecho. Tampoco me dejaron gritar. Parado junto a él me hice árbol mustio, pájaro enmudecido, río seco, hombre triste y garganta atravesada con el rugir del odio y la desesperanza. No pude arrodillarme. De haberlo hecho, la muerte se hubiera conmovido y me lo habría devuelto intacto porque era mío y solamente yo era el dueño de sus heridas, el custodio de su alegría. Miré sus pies desnudos y entonces comencé a entender de qué se trataba. Le habían quitado la cadena de oro y en su lugar un trozo de cartulina anunciaba un nombre que ya no tenía objeto, porque cuando lo musité quedamente no logré que me contestara. Hasta ese momento pensé que me hablaría, rogándome que lo llevara a casa y no lo abandonara en un lugar tan frío. Pero de pronto comprendí que la muerte era eso y que la ausencia era definitiva. Entonces comencé a protestar para que me lo devolvieran. Y lo hice con tanta violencia y desesperación que varios hombres me rodearon y me sujetaron con fuerza mientras yo intentaba vencer, con golpes y rugidos, a la inevitabilidad de la muerte. Como pudieron me arrastraron hacia afuera. No me dejaron besarle las manos. Me enredaban. No me dejaron besarle los labios. Me golpeaban. No me dejaron abrazarlo. No me dejaron romper las paredes. No me dejaron entender por qué la muerte, por qué la soledad. Se alejaron luego. Me permitieron ser solamente un hombre que lloraba. Antes de retirarme me entregaron el uniforme azul de mi muchacho, vacío para siempre.

El entrenamiento para entrar a la Fuerza es riguroso. Como se imaginarán, la preparación para el sacrificio exige sus rituales y solamente los mejor dotados alcanzan a vislumbrar la hermosura que se esconde detrás de una muerte inútil. Engalanados con uniformes azules y brillantes medallas, todos ellos contribuirán a perfumar con su presencia los restos de una civilización agotada. Perfume caro, pues muchas veces lo pagan con la vida: el crimen los persigue como a las mariposas el viento huracanado. Antes de eso, queridos, deberán aprender junto a otros unos primeros pasos en la ejercitación de la violencia. Los aspirantes tendrán que descubrir, antes de entrar al mundo, la manera de ubicar su figura sin equivocaciones. El mundo es un paisaje en donde cada uno contribuye con su color natural. Quizá por eso, la única manera de no desentonar es conocerse. De no ser así, pintarán un fondo equivocado y ese error es mortal. En ese paisaje policromo deberán convivir con otros hombres. Con los buenos se hermanarán de inmediato porque los buenos aman a los que van a morir. Los violentos los están esperando para matarlos. En ese aprendizaje, los cadetes deberán adiestrar sus movimientos pues están convocados a bailar una difícil danza y sus eventuales compañeros de baile son expertos. Muchos de éstos aprendieron a bailar desde niños. Las villas de emergencia son academias, pero también a los ricos les gusta robar. Y en esa danza fatal un paso desacertado es la muerte. Como saltimbanquis azules recorrerán las calles esquivando las balas y los insultos. A la ignominia responderán con el alma y a las balas con el cuerpo. Si no lo logran morirán. Y la desgracia entonces los prefiere hermosos (como son hermosos todos los hombres), porque de esa manera el cuadro que resulta será aleccionador para los demás. La belleza anida en el corazón de los buenos pero también en el de los violentos. Cuando egresaban mis muchachos no eran ni lo uno ni lo otro: eran simplemente policías.

Trabajé en la Escuela. A la mañana temprano, casi al alba, los levantaba y bajo el agua fría de las duchas sus cuerpos se acercaban. En la penumbra apenas se veían. El agua dormida se despertaba y al descubrir tamaño destino trastabillaba de impaciencia para no dejar resquicio. Al despuntar el alba los vitrales destrozaban el sol en mil astillas que agonizaban sobre la piedra dura. Los pies de mis muchachos se encendían entonces con un color rosáceo. Las alas de la noche se estrellaban contra la luz temprana y el efecto los iba dibujando uno a uno y de nuevo: en cada amanecer volvía a inventarse la belleza. Cuando terminaban de bañarse el reflejo de sus cuerpos comenzaba a herir de tal manera que se cubrían prontamente para no lastimarse. Los amaba. Y ese amor era cruel porque se disfrazaba de violencia. Tenía que matarles el miedo, así que la única manera de hacerlo era que lo reconocieran para poder aplastarlo antes de que les ganara de mano. Tenía que matarles la debilidad y, entre ellos, aprendieron el valor de la humillación y el coraje para el escarnio. Tenía que matarles la cobardía y arrojarlos al fondo de ellos mismos para que se ahogaran en su propia vergüenza. Los que sobrevivían eran mis hijos, y la condecoración que recibían al final era mi mejor salario. La gratitud por las espinas. El reconocimiento que me manifestaban por haberles mostrado al hombrecito. A partir de ahora sabrán despreciarlo en ellos más que en los demás porque de otra manera no podrán cumplir con la ingente tarea. El mundo estaba lleno de hombrecitos y de miserables. Algunos los esperaban para matarlos.

Cuando me enamoré de un muchacho comenzó mi calvario, y también mi secreta alegría. Tiempo después debí dejar la Fuerza. Yo ya lo conocía. Había ingresado ese primer año, un poco más tarde que los demás porque venía desde una ciudad costera, Puerto Madryn, y al principio le costó un poco adaptarse a las bromas y a la forma de ser de sus compañeros de la Capital. Era absolutamente blanco de piel y había crecido junto al mar. Eso quizás le había conferido a su andar algo del eterno movimiento de las olas. La sal oceánica lo había modelado con formas armónicas, sin aristas visibles, salvo una pequeña piedra que anidaba en su interior y a la que nadie hubiera podido acceder. Su padre lo había abandonado a poco de nacer y su madre hizo lo que pudo. Todo comenzó una mañana durante la cual una repentina tormenta de verano trastocó el entrenamiento. Con permiso para retirarse a los dormitorios, los muchachos improvisaron peleas entre ellos por cuestiones menores e imprevistamente mi muchacho recibió una herida. Manando sangre lo llevé hasta la enfermería y más tarde debí castigarlo. Pasó la noche en el calabozo y hacia la madrugada fui a ver cómo estaba. La tormenta seguía y en el largo pasillo que llevaba a la pequeña celda de castigo el ruido del viento y de la lluvia se colaba por las ventanas pequeñas. No había salido el sol y a través de las tinieblas entré despacio para no despertarlo. Escuché su respiración por largo rato hasta acostumbrarme a la oscuridad. Más tarde pude verlo. Sobre el piso su mano cubría castamente la herida imperceptible. Dormía acurrucado y descalzo. Tropecé con sus botas y, despertándose, me miró largamente. Desaparecí. Por un efecto inesperado me convertí en otro hombre y una hora después, al volver a mi cuarto, no recordaba nada. Ni la lluvia ni la tormenta ni siquiera el chirriar de la puerta al cerrarse nuevamente sobre mis espaldas. Solamente al dormir y entre mis sueños el muchacho apareció nuevamente, y yo con él. Desnudo y extraordinariamente excitado me veía golpeando sus caderas para disimular un dolor que adivinaba detrás de sus gemidos. Y llorando. En el pequeño cuarto oscurecido por una noche larga su cuerpo blanco se retorcía como un pez atrapado iluminando con el nervioso movimiento toda la faz de la Tierra. De alguna manera estábamos inventando la mañana. Y era tal la conmoción que me provocaba que enseguida me levanté de mi cama y, corriendo, me asomé a la ventana. Había salido el sol.

Comenzamos a vernos. Un hombre es todos los hombres, dijo un ciego que no podía verlos. Cuando amamos, la ceguera habitual de los cuerpos desaparece y uno de ellos resume con una particularidad dolorosa a todos los demás, y se convierte en el elegido. A mi mirada, entre cientos que esa mañana corrían por el campo embarrado, el Muchacho abría ante mis ojos toda la fantástica realidad de las cosas y todos los demás desaparecían. Enredados en la lucha cuerpo a cuerpo, sólo uno de ellos concentraba en sus movimientos resbaladizos la fuerza necesaria para sostener el mundo. Tirado sobre el barro, sus flexiones agotaban todas las posibilidades de la articulación y al girar su cabeza hacia ambos lados el hemisferio se completaba para evitar el caos. Colgados de las anillas, como muñecos muertos se balanceaban los otros desconociendo la armonía. Al voltear de repente, solamente él se afirmaba en sus brazos para que las cosas no se derrumbaran. Bajo el sol apagado de esa mañana, mi muchacho hacía trastabillar a los demás y en sus caídas desordenadas se podía vislumbrar la enorme dificultad que tenían para ser felices. Sus caras contra el barro prefiguraban la derrota. En la risa festiva del Muchacho, en cambio, yo encontraba el sonido que tiene la alegría. Y una herida sutil. Mis ojos, agotados en la contemplación del abismo, recreaban unas lágrimas que escondía detrás de mis gritos ordenando las instrucciones. Y se afanaba esa mañana mi muchacho. Sabía, ¿por qué no?, que mediante su salto impecable a través del obstáculo dependía la única posibilidad de un orden que trastocase, aunque fuera por un instante, el desorden terrible de la naturaleza. Que al resultar primero en la carrera instalaba en el mundo la superioridad del amor por sobre todas las cosas. Y que al final, cuando todos formaban, ilustraría en la firme postura una composición que demostraba la valentía de los corazones enamorados ante la pertinaz ignorancia de los hombres ciegos. Cuando finalizó el entrenamiento lo llamé para felicitarlo y, más tarde, lo fui a buscar para llevarlo a la enfermería a completar la cura. Emocionados, caminamos juntos por otro largo pasillo, mi brazo sobre sus hombros. Arcilla ardiente moldeando una figura que no me abandonará jamás. Ahora sé que no voy a morir. Este dolor tan fuerte me va a sobrevivir. Ahora es de ustedes también, porque pertenece a todos los hombres. Cuídenlo. Si se apaga, el amor a mi muchacho desaparecerá para siempre.

El Muchacho

Siempre me digo que no hay nada que explicar pero es inútil... las imágenes vuelven una y otra vez. O los recuerdos. Quizás ahora, a mi edad, son las únicas cosas que me quedan. Y no ha de ser todo en vano porque a veces, a la noche, cuando no basta el rumor que viene desde el mar para dormirme, el eco de esos recuerdos me es suficiente. Como una ola, arrastrándome a la remota oscuridad del sueño, los rostros de aquellos que poblaron mi juventud acuden a mis noches. Como si me fuera a dormir con ellos y en sus brazos, poderosos y fuertes como los del Comisario, más débiles como los del Chico, eternos como los de Adolfo y tantos otros, tienen todos la maravillosa virtud de no dejarme solo para enfrentar la soledad de mi cuarto, el sonido mecánico y estricto del reloj despertador y, sobre todo, la ausencia reciente de mi muchacho, mi hijo, que ha partido para no volver. Mi mujer ha muerto ya hace muchos años, después del nacimiento del Hijo. Era mi prima, aunque de niños apenas nos habíamos tratado. Cuando me fui para la Escuela de Cadetes, allá en Buenos Aires, y por esas cosas del destino, fue la única con quien mantuve contacto y comenzó a escribirme contándome cosas de Puerto Madryn, nuestra ciudad costera. Ahí comencé a conocerla y a encariñarme. Sobre todo al principio, cuando estaba solo y en una ciudad tan grande, antes de conocer al Comisario y a todos los demás. Durante esos largos meses, sin hablar con nadie y tratando de esquivar las bromas pesadas y algunos golpes de mis compañeros de promoción, solía guarecerme en un rincón de los enormes vestuarios, a la hora de la siesta, y leía una y otra vez sus cartas que me acompañaban y, por qué no decirlo, me excitaban un poco. Una vez me mandó una foto y ahí me enamoré. A la distancia, claro, pero no se lo dije entonces. Pasaron tantos imprevistos después que su imagen, y mi amor, se fueron desdibujando. Pero las cosas, las que tiene que suceder, suceden. Muchos años después, cuando volví a Puerto Madryn, me di cuenta de que me había estado esperando. Y yo también. Había sido como un puerto, como el puerto de nuestra ciudad de origen al que se arriba luego de navegar durante mucho tiempo pero que permanece inalterable, como permaneció, debajo de mi piel (que se había curtido bajo todas las inclemencias de la vida), los restos de un amor insospechado que sería para toda la vida. O para toda la muerte, porque murió enseguida. No obstante, el poco tiempo que compartimos se hizo tan intenso que puedo sentir, tras los años, el eco de un calor tranquilo que también me ayuda, a veces, a soportar el frío que viene desde el mar durante el invierno.

Estoy con los recuerdos, claro está. Los recuerdos de la hora de la siesta en la Escuela, leyendo una y otra vez las cartas de mi prima, y los de aquella tarde, la primera, cuando reconocí en la sombra que se acercaba sigilosamente al Comisario; quien no me descubrió enseguida porque yo escuché sus pasos y me escondí. Por esos días era el Comisario - instructor y, obviamente, todos le teníamos un poco de miedo y bastante respeto. El hombre unía a la exigencia de su trabajo con nosotros, quienes lo sufríamos en carne propia se podría decir, una forma de tratarnos en donde combinaba lo estricto de su posición con la justicia de sus decisiones y por ello se había ganado su lugar y su fama. Sin embargo, conmigo se había portado casi desde los inicios de una manera un tanto diferente. Ahora diría con suavidad, aunque por aquel tiempo y en ese lugar esa palabra estaba desterrada. Éramos hombres, o lo intentábamos al menos, y el que no lo lograba en tiempo y forma lo esperaba la puerta de salida. Pero con el Comisario casi todos lo conseguíamos. Vivía para nosotros y estaba pendiente, a diferencia de los otros instructores, de cada uno de nuestros problemas o ansiedades, así que fácilmente lograba nuestra aquiescencia. Pero claro, luego de que nos había hecho transitar por una larga y esforzada carrera de obstáculos, ejercicios violentos y una entrega de nuestro cuerpo hacia pruebas de resistencia casi intolerables, lo que nos colocaba en el límite de nuestras reservas físicas pero también morales, lo veo ahora, tantos años después. Pues lo que más le preocupaba, aunque parezca contradictorio (y nuevamente lo comprendo ahora a la distancia), eran nuestras mentes. Ése era el territorio, según pensaba, en donde se libran los combates más terribles, en donde es necesario tener la más inconmovible resistencia. Y es en ese lugar en donde, muchas veces, fracasaba. Y nosotros también. Entró despacio esa tarde, como buscando algo. El vestuario estaba vacío. Las hileras de bancos lustrosos por el uso, por el roce constante de pantaloncitos azules, toallas húmedas, calzoncillos blancos, muslos claros, rosáceos atributos, decía, parecían infinitas en un lugar tan grande y competían en brillo con los anaqueles de bronce que bordeaban cada una de las paredes, uno al lado del otro, interminables. La atmósfera estaba fresca a pesar del verano. Y contribuía a ello, al parecer, la cercanía de las duchas. A toda hora había un rumor de aguas. Como el rumor del mar que escucho ahora, mucho tiempo después, que me acompaña, que mezcla mis sentidos, que trae el eco de los pasos furtivos del hombre que ingresa lentamente. Como buscando algo. Trae las manos tensas. Al caminar, éstas parecieran que acompañan, rítmicamente, el movimiento de los pasos, abriéndose y cerrándose, queriendo atrapar algo que yo no veo, que no alcanzo a visualizar desde mi escondite en donde permanezco, inmóvil, casi sin respirar, asustado. Entre mis manos la carta tiembla. Las palabras escritas, garabateadas con esfuerzo por mi prima semianalfabeta, amenazan con desbordarse, queriéndose escapar del papel, no ser leídas, no ser descubiertas por el Comisario. Pero es inútil. El hombre ya está ahí y ahora se acerca. El cuerpo es grueso. Puedo sentir el peso a través de sus pasos. Acompasados, breves, interrumpen paulatinamente el eco de las aguas, que queda atrás, como una música de fondo; imprimen asimismo, sobre mi corazón, una frecuencia intolerable. Se aleja luego y puedo verlo un poco más. Se ha detenido. En el centro mismo de la sala levanta la cabeza, y huele, o parece hacerlo. Sobre sus labios, un leve y pequeñísimo temblor: la comisura alerta, dolorosa, ha iniciado un suave movimiento expansivo que se abre para beber —las narinas abiertas también—, atrapando en el aire las más insignificantes partículas, restos de una sustancia cuyo alcance, desde la pobreza de mi escondite o por mi ceguera de entonces, no alcancé a descubrir.

La casa es grande ahora. Cuando me la encontré, a mi vuelta de Buenos Aires, estaba casi en ruinas. Fueron días tremendos para mí. Solo, con un hijo recién nacido y sin darme cuenta todavía de cuánto me necesitaba, amanecí borracho una mañana muy cerca de la pequeña galería que la circunda y que da al muelle, aunque por aquel tiempo el muelle era solamente unas maderas podridas que apenas se mantenían en pie ante el fragor de las mareas. Mi prima, mi mujer, se había muerto, y no lograba encontrar consuelo sino en las correrías nocturnas con desconocidos del puerto, jugando a las cartas y bebiendo con marineros cargados de nostalgias que encontraban en mis desgracias, las que les narraba cargosamente una y otra vez, una pequeña distracción para sus propias penas. Amanecía esa noche. Sobre mi cuerpo entumecido, el ruido constante de las olas provocaba un sentimiento doloroso cuyo origen tardé en comprender. Embarrado con la arena sucia de la playa, maniatado por las ramas de un árbol que había desgajado la última tormenta, recordé intensamente otros momentos de mi vida. Al lado de la casa abandonada, otro árbol. Recién ahora, con el sol, podían descubrirse sus ramas delicadamente verdes extendiéndose hacia el cielo. El tronco enhiesto. Abrazado, vacilante aún, me apoyé en su fuerza para mirar el horizonte marino que se desdibujada por repentinas lágrimas. Más tarde entré a la casa. En donde ahora se extiende una amplia sala, otrora el piso roto amenazaba derrumbarse. Busqué un lugar seguro y ahí me quedé durante un largo tiempo, ensimismado. Entonces apareció el Comisario. Con una fuerza inusitada, el sonido de su voz, algunas frases de su cosecha, la parsimonia con que solía explicarnos un ejercicio físico, su grito atento para sostén de una maniobra complicada, su mirada, el reconocimiento posterior, el abrazo furtivo, todo ello vino de repente. Pero no estaba allí en persona para contarle lo que me pasaba. Y su ausencia, ahora, en ese amanecer, se hacía tan nítida como los reflejos del agua que poco a poco iban cubriendo todo con una luz vigorosa. No era mi padre. No era el padre de nadie, o quizás el de todos. Me levanté despacio. Me fui al mar. Dejé mis ropas sucias a un costado y me interné en las olas. Llorando, golpeé furiosamente la móvil superficie, el fragor verde; garganta enfurecida, grité también intentando calmar un dolor inmenso que cubría mi cuerpo con sombras del pasado. Regresé a Buenos Aires. Fui a buscarlo.

Desde hace muchos días no está saliendo el sol en Puerto Madryn. Es extraño el fenómeno. Para la época, en otros años y a esta hora los rayos de la mañana ya hubieran inundado mi cuarto y la casa toda, que hice con mis manos. Cuando nos vinimos a vivir aquí, ya hace tanto tiempo, la casa era pequeña y no la fortaleza que ahora es o se parece cuando se la mira desde afuera. Y le construí también amplias ventanas. Para que el aire que viene del mar inunde todo y fortalezca los pulmones del Hijo; para que la luz que viene del mar inunde todo y fortalezca la mente del Hijo. Pero hace varios días que falta la luz del sol y un viento fresco y persistente pareciera hacer temblar hasta los mismos cimientos del hogar que fue nuestro. No me levanto entonces, todavía. Y además estoy solo. Me cuesta acostumbrarme. Y falta mucho aún para mi paseo diario por la arena, hacia el atardecer, al borde de las olas. Durante todos estos años fui feliz. Y lo sabía por supuesto. ¿Y quien no hubiera sido feliz al lado del Hijo? Un hijo tan hermoso, tan bueno, y que día a día sabía agradecer en su inocencia las alegrías de nuestro amor indestructible. En mi paseo de ayer estuvo tan presente que casi no sentí la tristeza de este último tiempo. Desde su ausencia, los días se me alargaron lastimosamente y más hacia la noche, cuando antes volvíamos juntos hacia la casa, cansado yo de tanto trajinar por la costa interminable, incansable él con sus eternos juegos de los que me participaba, arrastrándose casi sobre la arena húmeda, sus piernas cortas dificultándole a veces la subida hacia el muelle. Y es que estuvo tan nítida su imagen durante mi caminata de ayer que algunas veces le hablé. El rumor de las olas que estuvo siempre mezclándose con nuestros diálogos, dificultosos muchas veces, me ayudaron a sostener la ficción, como si la dolorosa ausencia se calmara un tanto con el mar, nuestro mar, el mismo de nuestras infatigables correrías. Yo buscaba las sombras, por supuesto. Las sombras nuestras que durante años me había acostumbrado a ver recortándose sobre la costa, sobre el agua, sobre la ancha arena en donde a veces el Hijo garabateaba dibujos incomprensibles. No las hallé al comienzo de mi pesado andar. Ni tampoco a la hora, cuando antaño las bordeaba el rojo momentáneo del sol que se moría en el horizonte. Entonces me detenía, me detuve ayer durante mucho tiempo frente al abismo estruendoso, incomprensible, del océano nuestro. Como si buscara una respuesta que por supuesto no tenía, que no me la daría el agua sino mi corazón que sangraba todavía. El Hijo creció con mucha dificultad, pero yo estaba a su lado todo el tiempo. Y cuando aprendió a sonreír, ¡ah!, cuando su rostro abotargado comprendió una mañana el mecanismo inconmensurable de la felicidad, de mi felicidad, mirando hacia mi lado, reconociéndome de una vez y para siempre, no encontraría jamás otro momento más hermoso. Comprendería también. Comprendimos juntos, entonces, que no estaríamos solos nunca más, que habríamos de permanecer unidos hasta la muerte. A veces, a la medianoche, no obstante, sobrevenía el temor. Las tormentas de invierno lo asustaban. Negra la noche, el sonido del mar que siempre acompañaba su descanso mutaba en un terror cuyo zumbido agreste interrumpía su sueño indescifrable. La fiebre, el vómito, el iris de sus ojos hundiéndose en la frente, mi desesperación, mi rezo, la vana y terrible contemplación de la desgracia. Pero todo pasaba. Adormecido, exhausto, en mis brazos firmes esperaba de nuevo la mañana. La mañana llegaba. Lenta. Quejumbrosa. Y para mí también. Y como fue siempre mi costumbre, desde que era muy pequeño, lo alzaba hacia la luz de la ventana, hacia el sol, hacía el día, hacia la renovada promesa de una felicidad incomparable. No crecía demasiado. Sus miembros, su cuerpo al que adoraba, la física manifestación de mi fortuna –y de mi infortunio también, porque van juntos, porque con el mismo material se amasa la dicha y la desgracia, el placer y el dolor, la ilusión y el desengaño–, su cuerpo, pienso, pugnaba por expandirse en el espacio pero no podía. Atribulada, la forma agazapada de sus brazos cortos, de sus piernas enanas, no le permitía otra cosa que movimientos torpes sobre la arena tibia. Pero yo lo ayudaba. Sobre mis grandes pies, sobre mis puños abiertos, yo le prestaba el sustento por donde imaginarse que corría veloz por todo el universo. Yo lo amaba. Lo amo ahora, y percibí su presencia ayer, hacia la noche, acompañándome una vez más en mi sorpresiva vejez, en un cansancio que ahora se me hace largo, inevitable. A sus treinta y tres años me dejó. Yo lo sabía. La ciencia médica vaticinó ese lapso y siempre supe que me iba a abandonar. Él no se daba cuenta, por supuesto. En su niñez eterna, alegre, indestructible, todos los días transcurrían iguales de felices. Igual que para mí, con su presencia.

Cuando tomé el colectivo que me llevaría de vuelta a Buenos Aires para ver al Comisario, todavía llevaba sobre el brazo el luto por mi prima. Mi hijo, el Hijo, sobrevivía en el hospital municipal luego de su primer ataque. Todavía no se sabía de su enfermedad o de su diferencia. Yo llevaba conmigo, en las facciones que percibía recortadas sobre el vidrio de la ventanilla, los rastros evidentes de los días que había pasado. Abandonado por Dios, como me sentía, un resquemor, una molestia que trascendía las meras circunstancias por las que atravesaba, horadaba mi cerebro. No pude dormir en todo el viaje. La estación de Retiro, la ciudad misma que lentamente fue apareciendo ante mis ojos, veinte horas después, me pareció lejana, como ausente. Sin duda alguna no me había reconocido o se había olvidado del Muchacho. Suele suceder. Por mi parte, mientras desembarcaba, cada cosa que veía, un rostro que creí reconocer, o el movimiento perpetuo de los pasajeros por el andén repleto, me remitía al pasado. Como si fuera ayer, como si nada hubiera pasado. Me metí en el baño a refrescarme y a arreglarme un poco. Me desperté. Pero también, al mismo tiempo, se despertaban mis recuerdos. Y con ellos la pena. Sobre el vidrio mojado me entreví nuevamente. Ojeroso, cansado, me pregunté, de pronto, para qué había venido. Sin respuesta, crucé la plaza de la torre de los Ingleses y me metí en el hotel internacional. Muchachos engalanados con lujosos uniformes, en la entrada, me miraron con desconfianza pero no se atrevieron a preguntarme hacia dónde iba. Caminando erguido, atravesé las mullidas alfombras hacia uno de los sillones. Muy cerca de la amplia ventana, desde donde se veía la plaza San Martín, me esperaba el Comisario. Se tranquilizaron todos. El hombre, como si fuera mi padre, me abrazó.

Está por salir el sol. Vos todavía no te das cuenta, pero todo está quieto y mi voz resuena en este lugar como si fuera la primera vez que hablara. Y ese rumor que se escucha, y que te hace dormir tan plácidamente, es el mar. El mar está muy cerca y cuando crezcas un poco iremos juntos a jugar con las olas. Y te voy a enseñar a nadar, Hijo, para que no le tengas miedo. No vas a tener miedo, porque yo voy a estar ahí para cuidarte. Desde ese mar saldrá el sol dentro de poco y se filtrará por la ventana que estuve arreglando ayer, no se si te acordás, te asustaste en un momento cuando yo estaba golpeando la madera vieja. El marco de la ventana estaba podrido y lo cambié. Al principio no sabía cómo hacerlo, pero me salió muy bien. Cuando venga el invierno no vas a tener frío. Pues desde ayer, te cuento, nos vinimos a vivir aquí. Es una casita pequeña que estaba casi abandonada y que pude comprar para nosotros con todos mis ahorros. De a poquito voy a ir arreglándola para que sea hermosa y confortable. Ésta será tu casa y aquí estarás protegido, mientras seas pequeño nadie te hará daño, Hijo, porque yo estaré aquí para cuidarte. La casa tiene algunos árboles alrededor y el viento ahora golpea las ramas que se retuercen como si fueran a quebrarse, emitiendo un quejido largo. No tengas miedo. Mañana darán sombra. Cuando crezcas un poco subirás a esos árboles e inventarás juegos en las tardes de calor bajo el frescor de sus hojas. Yo estaré cerca para que no te caigas y te contaré historias para entretenernos en las siestas largas. Nadie te hará daño, Hijo. Ya pronto saldrá el sol y la noche desaparecerá. Estamos solos. Tu madre murió hace poco, cuando vos naciste, y en los primeros tiempos yo no sabía qué hacer. Anduve deambulando, me volví a Buenos Aires, a los viejos amigos, hasta que uno de ellos llamado el Comisario me dijo en una noche casi al alba: "Si tenés un hijo qué hacés acá, andá a cuidarlo". Yo me puse a llorar, me di cuenta en ese momento de que no habría felicidad más grande y que estaba a punto de perderla. Mientras volvía para acá mi corazón corría más rápido que el ómnibus. Te fui a buscar, te abracé, te juré que nunca más te iba a abandonar. Y aquí estamos. Ya pronto va a salir el sol. Cuando lo haga, disculpame, te voy a despertar porque quiero que lo miremos juntos. Te voy a levantar y nos vamos a asomar por la ventana que arreglé ayer, no sé si te acordás. Te voy a levantar en mis brazos para el lado del mar, para que veas. Te voy a sostener fuerte para que no te caigas. No te vas a caer porque yo estoy aquí para cuidarte. Al principio no veremos nada. Estará todo quieto. La noche eterna parecerá adueñarse del mundo. Pero al instante todo cambiará. Tus ojos son pequeños todavía pero yo te voy a enseñar a mirar. Los rayos del sol aparecerán en el horizonte, lentamente. Tienen un color hermoso que parece dorar todo lo que tocan. Y al rato todo el sol nos cubrirá y nos hará olvidar la noche para siempre. Quedaremos totalmente iluminados. Te va a gustar mucho. No vas a tener miedo. Yo estaré aquí para protegerte. Nadie te hará daño, Hijo. Ahora dejame que llore un poquito, apenas un momento y por última vez, es una felicidad muy grande la que siento, ya comprenderás. Bueno, ahora vamos, Hijo, que el mundo te está esperando.

Ecce Homo

Sexual

La inevitabilidad
de los cuerpos

José María Gómez

Windmills International Editions, Inc.
California - USA – 2013